LOTTE PAEPCKE
EIN KLEINER HÄNDLER DER MEIN VATER WAR

LOTTE PAEPCKE

EIN KLEINER HÄNDLER DER MEIN VATER WAR

EUGEN SALZER-VERLAG HEILBRONN

2. Auflage / 1973

© Eugen Salzer-Verlag Heilbronn 1972
Alle Rechte vorbehalten
Umschlaggestaltung: Gerhard Kurt Hofmann
Satz und Druck: Offizin Chr. Scheufele Stuttgart
Printed in Germany
ISBN 3 7936 0181 1

Andere Mädchen hatten grössere Väter und ich beneidete sie darum. Manchmal sah ich eine von meinen Schulkameradinnen in der Stadt neben einem großen Mann gehen — auch mittelgroß war schon gut —, einem blonden oder doch irgendwie hellen, einem mit breitem Rücken und ausgreifendem, pflastertretendem Schritt. Männer waren das, die die Luft teilten, wenn sie gingen. Sie hatten außerdem Gewicht durch sicherlich auch gewichtige Berufe. Ich wußte das nicht im einzelnen, aber ich sah hinter den männlichen Figuren einflußreiche Stellungen: in lebenswichtigen Büros der höheren Beamtenschaft, hinter dem geweihten Tor der Universität, in den Räumen bedeutender Unternehmungen. Diese Väter schützten. Wenn gelegentlich einer von ihnen in einem Flur der Höheren Töchterschule zu sehen war, von einem Lehrer dahin gebeten, so schien mir, daß selbst die graue Undurchlässigkeit, die in den Schulgängen und über den Treppen hing, vor diesen Figuren von Vätern durchscheinend wurde. Obgleich ich doch zu spüren meinte, daß die Väter hier, im Schulgebäude, nicht ganz so unangreifbar waren wie auf den Straßen. Die zerkratzte und verschmierte Autorität der Schule bedrängte auch sie, soweit nicht schon Erinnerungen an ferne, vormännliche Zeiten das ihre taten. Aber selbst nach Entgegennahme negativer Berichte über Töchter verließen diese Väter mit sicheren Schritten das Haus, eilig wieder ihren wichtigen Funktionen sich zurückgebend.

Mein Vater wurde nie bestellt, ich war froh darüber. Denn ich wollte ihn diesem die Persönlichkeit so angreifenden Einfluß der Höheren Töchterschule nicht aussetzen. Ich mußte meinen Vater beschützen.

Denn er war klein. Er teilte nicht die Luft, er hatte einen schmalen Rücken und eine schmale Stirn. Er ging aufrecht wie alle Kleinen, aber nicht, um Würde zu erlangen, sondern um dem Himmel etwas näher zu sein. Das Kinn hatte er leicht vorgestreckt, als höre er angestrengt auf etwas hin. Sein Gang war, trotz gewisser Spannungen in der Haltung, beschwingt, optimistisch und fröhlich, sein Kopf leicht nach rechts oben gehoben. Der Vater freute sich der Stadt, durch die er ging.

Meist klopften seine Finger, während die Arme locker nach vorn und hinten schwangen, in dem Augenblick, in dem die Hände am Hosenbein vorbeikamen, leicht in kleinen Tupfern dagegen. Das war ein Tick von ihm, der sehr alt war. Seine Entstehung reichte in die Lehrlingsjahre im Rheinland zurück. Damals intonierte der Vater Lieder, Märsche, auch Leitthemen für Symphonien in seinem Kopf und brachte die Töne mangels Instrumentes durch Fingerspiele gegen seine Hosenbeine zur Welt. Obwohl er inzwischen schon viele Jahre einen Flügel besaß, hatte er die Gewohnheit imaginären Klavierspiels nicht aufgegeben. Diese Beschäftigung, wenn auch meist unbewußt und ziellos, in einer anderen Sphäre, während er über das Kopfsteinpflaster der Altstadt ging, gab seiner Erscheinung eine leichte Ungewißheit. Er war nicht ganz und gar hiesig, er enthob sich, wenn auch geringfügig. Zwar war er sofort gegenwärtig, wenn man ihn ansprach, aber allein gelassen, stand er ein wenig schief gegen den Wind.

Der Vater war auch keine helle Erscheinung. Er hatte dunkles Haar, das locker nach hinten fiel, und dunkelbraune Augen. Doch eine kräftige Haut, die nach frischer Luft aussah, spannte sich über deutliche Gesichtszüge. Die Nase hatte eine auffallend schmale Wurzel, wurde dann aber breiter mit leichter Biegung über einen Schnurrbart. Die Unterlippe legte sich etwas vor, und man konnte an ihrer Wölbung und dem Grad ihres Vordringens die Stimmung ablesen, in der sich der Vater befand.

Er hätte beinahe aus Bauernstamm sein können, ursprünglich einmal. Ahnen kleiner kräftiger Schwarzwaldbauern wären denkbar gewesen, wenn man sich die Deutlichkeit der Züge ins etwas Gröbere zurückverlegt vorstellte. Auch der kleine Körper hätte im Urgroßvater sehniger aussehen können, es war denkbar. Aber was eben den Vater in gewisser Weise durchsichtig machte, was ihn gefährdet und schutzbedürftig erscheinen ließ, das war: diese Merkmale stimmten nahezu und doch nicht ganz. Die Familie stammte zwar vom Land, aber der Urgroßvater war ein Viehhändler und der Großvater ein Kleiderhändler. Kleine Dorfjuden waren es, dort ansässig als Schutzjuden des Markgrafen.

Das Dorf war ein Weindorf, es lag zwischen Kalk und Löß. Vielfältig geschwungene gebogene Hänge voller Reben umgaben es. Weltläufige Fülle und Großzügigkeit drangen durch das Rebgelände in die Ländlichkeit der Ansiedlung — ein Charakterzug, der Weindörfer von allen anderen Dörfern fast immer unterscheidet. Während sonst die Häuser kleiner Landorte etwas in sich Verbuckeltes haben, winkelig verschlossen, beschränkt vermauert, geben die großen Rundbögen, die in ihre Innenhöfe und Keller führen, den Winzerhäusern etwas Herrschaftliches. Das Hervorbringen des königlichen Getränkes, seine Wartung, seine Pflege, die Verfeinerung des Geschmacksinnes bei den Weinbauern, die zu kosten und zu urteilen vermögen, ihre enge Verbindung mit dem Handel — alles das unterscheidet ein Weindorf von anderen Dörfern, die es nur mit Weide und Getreide zu tun haben.

So lebte es sich auch gut dort als jüdischer Händler,

und die Ahnen des Vaters besaßen ein schönes Dorfhaus, behaglich und geräumig. Zwar hatte es die gebogte Einfahrt nicht, es hatte eine Haustür und eine Front gleichförmiger Fenster. Es war eigentlich ein Kleinstadthaus. Mit dem Wein hatten die Ahnen nichts zu tun. Er wurde zwar selbstverständlich zu den Mahlzeiten getrunken, man brauchte ihn ja für den Segensspruch. Aber er wurde nicht als Selbstzweck genossen, wurde nie das Tor zu Redseligkeit oder Ausgelassenheit oder gar in jene andere Welt, in der es den Trunkenen so wohl ergeht. Die Dorfahnen des Vaters waren fleißig-nüchterne Leute, die Männer im Handel unterwegs bis Freitag abend. Zum Sabbatbeginn kamen sie rechtzeitig heim.

Wenn man sie dann aber bei den Segenssprüchen sah und beim Beten, dann allerdings gab es da eine Trunkenheit eigener Art: mit dem Hin und Her der Oberkörper und der Stimmen wiegten sie sich ein in die vom Jenseits kommende Ordnung des Gesetzes und seine strenge Harmonie, in die hymnisch-nüchternen Worte des Ewigen und die Preisgesänge seiner Anordnungen. Die königlichen Lieder von David und von Salomo erhoben die Herzen der Vieh- und Kleiderhändler auf dem Dorf und die Herzen ihrer Frauen, die mit den Worten aus dem Alten Testament vertrauter waren als mit der deutschen Sprache, die sie noch nicht schreiben konnten.

Aber als der Vater geboren wurde, war schon ein Wandel eingetreten. Da war schon dem Großvater erlaubt worden, in die Stadt einzuziehen, dort ein Haus zu erwerben und mit Leder zu handeln.

Das Haus stand nicht in einem vornehmen Viertel, nicht zwischen Villen und Gärten, es stand mitten in der Altstadt zwischen niederen buckligen Kleinbürgerhäusern, eines von ihnen, wenn auch eines der stattlicheren. Ein kleiner Bach floß vorbei, wie sie die Altstädter Straßen durchzogen, leise und schnell, die Gasse senkte sich leicht und mündete auf den Platz des Münsters. Sein Bau und der Klang seiner Glocken durch jeden Tag und durch das Jahr waren Merkmale des Lebens auch für die nun städtisch gewordene Familie. Der Großvater, wenn er seinem Stammcafé jenseits des Münsters zustrebte, benutzte den direkten Weg durch das Gotteshaus hindurch, ehrfürchtig den Hut abnehmend und mit einer Beugung des Oberkörpers, wenn er das hohe braungoldene Schiff betrat und am Altar vorbeiging. Und als der Erzbischof in seinem Palais links um die Ecke krank wurde, erkundigte sich der Großvater nach seinem Befinden und ließ Blumen schicken. Der Erzbischof bedankte sich in einem Schreiben und revanchierte sich bei Todesfällen.

Das gute Einvernehmen mit der christlichen Umwelt, das kollegiale Zusammenleben mit den anderen Geschäftsleuten — den Händlern mit Gemüse,

mit Butter und Käse, dem Bäcker und dem Gastwirt vom »Deutschen Haus« — änderte nichts am jüdischen Merkmal der Familie. Von Freitag abend bis Samstag abend war Sabbat und das Geschäft blieb geschlossen. Die Großeltern wanderten, festlich gekleidet, durch die werktäglichen Straßen der anderen: die Buttergasse hinauf, die Konviktgasse, die Salzgasse, dann aus der Altstadt hinaus durch ein schon moderneres Viertel mit größeren Geschäften und mehr Verkehr, hinüber zur Universitätsstraße und auf den Synagogenhügel. Ein Prachtbau war die Synagoge, vom Ende des letzten Jahrhunderts, eine Mischung aus Tempel und Theater. Und es hob das Selbstbewußtsein der jüdischen Familie aus dem Dorf, daß sie hier ein so prächtiges Gotteshaus hatten. Es waren auch der Kantor und der Rabbiner städtische Herren, und die Predigt war in den deutschen philosophischen Idealismus so eingeschmolzenes Altes Testament, daß die Großeltern das letztere gar nicht mehr erkannten. Aber das war Nebensache. Denn das »Höre Israel!« verstanden sie, es war das gleiche in Dorf und Stadt und wie vor Jahr und Tag.
Der Lederhandel ließ sich gut an. Der kleine bucklige Laden mit der langen, messerzerschnittenen dunkelbraunen Holztheke war immer belebt. Und durch das enge Kontor dahinter stapften die Schuhmacher hinunter in den Oberkeller und in den Unterkeller und prüften eingehend und mißtrauisch

jede Lederhaut und wählten und zogen wieder zurück und prüften noch einmal und entschieden schließlich, wenn man das resignierte »Also halt« so nennen konnte. Der Preis stand fest, stand städtisch fest — es war nicht mehr Dorf und nicht mehr lebendiges Vieh und da gab es kein Feilschen und Handeln und kein Vor und Zurück.

Im großen geräumigen Haus lebte es sich behaglich. Die kleinbürgerliche Biedermeieratmosphäre der Zimmer, Treppen und Winkel und eckigen Gänge erinnerten noch an das ungeplant Asymmetrische des Dorfes und ergaben eine Stimmung der Zutraulichkeit zwischen der neuen Umwelt und den Zugezogenen, aus der Heimat entstand.

Hier, in dem von Ledergeruch durchzogenen Haus, wurde der Vater geboren. Es zeigte sich bei seinem Heranwachsen, daß der Aufenthalt der Ahnen in einem christlich-abendländischen Weindorf bei ausschließlicher Beschäftigung mit Kleidern und Vieh auf die besondere Geistesveranlagung dieser Abkömmlinge jüdischer Denkender keinen Einfluß ausgeübt hatte. Die Übung in der bildlosen Anschauung einer im Alltäglichsten anwesenden unsichtbaren Gottheit hatte jüdische Gehirne geprägt. Der Verlust letzten Bildes, des Tempels in Jerusalem, und die Auflösung ihrer selbst als Volk hatte die Juden gezwungen, sich in einen Bereich zurückzuziehen, in dem sie alles bewahren konnten: den des Begriffes.

Seine Möglichkeiten, seine Verführungen lebten im Vater auf, als die städtische Schule ein Angebot machte. Er lernte gut und freute sich des Denkens. Jedoch war nicht geplant, ihn etwa durch Abitur und anschließendes Studium in die Welt deutscher geistiger Institutionen eintreten zu lassen. Die Universität war doch ein allzuweit vom Familienursprung entfernt liegendes Forum. Es war dage-

gen selbstverständlich, daß der Vater in Leder ausgebildet wurde und später das Geschäft übernahm. So war die Ordnung und so geschah es.
Allerdings nicht ohne eine Krise. Denn der Vater liebte die Musik. Man hatte ein Klavier gekauft, als das Interesse des Schülers an Tönen nicht zu übersehen war, Klavierstunden förderten ein ausgesprochenes Talent zutage, und der Vater wurde ein guter Spieler. Als er die Schule verließ und man ihn und sein Leben so selbstverständlich für das Leder in Beschlag nehmen wollte, entstand plötzlich und unerwartet eine Panik. Der Ledergeruch, der würzig und kräftig seine Kindheit durchzogen hatte, war wie in giftige Schwaden zerrissen, und in die freiwerdenden Räume strömten lieblich-traurige Mozartklänge. Der Vater wollte Pianist werden.
Man wandte sich, um ihn auf den rechten Weg zurückzuführen, an eine Bekannte, die Klavierstunden gab, kompetent also, und sie bewies dem jungen Mann, daß Mozart in einem sehr viel früheren Alter bereits sehr viel besser gespielt habe. Damit war der Kampf zwischen Lied und Leder entschieden. Der Vater kam in die Lehre bei einem jüdischen Lederhändler im Rheinland, und nach drei Jahren, gereift in der Fremde, kehrte er endgültig in die kopfsteingepflasterte Gasse im Schatten der Gotik zurück.
Er holte sich seine Frau, das Kleinod seines Lebens,

im Schwäbischen, aus einer Familie, die länger schon städtisch war als die seine. Die Onkels, die im Lauf der Jahre immer einmal von dort auf der Durchreise zu Besuch kamen, waren schon Herren, während die aus des Vaters Familie noch Männer waren. Die Schwaben waren schon seit längerem begütert und aufgerückt, es gab Großkaufleute unter ihnen, es gab Rechtsanwälte und sogar einen Regierungsrat.

Von des Vaters Seite kamen von Zeit zu Zeit kleine Dörfler und Händler zu Besuch. Sie paßten nicht mehr in unser nun schon städtisch-modern ausgestattetes Haus. Mich stürzten die Besuche dieser Onkels und Tanten vom Dorf in zwiespältige Gefühle. Ich sah ein, sie waren unsere Verwandten, und ich bemerkte die herzliche und vorurteilslose Freude, mit der der Vater sie empfing: den kleinen Onkel Shelomo, die Tante Judith. Sie hatten immer ihre besten Kleider an zu diesem Besuch in der Stadt, aber um so mehr stachen sie ab von unserer, wenn auch zurückhaltenden Wohlbestalltheit. Von der Fahrt im kleinen Bummelzug waren sie meist etwas staubig und zerknautscht, befangen auch, sich plötzlich im Gedränge der Stadt und im Haus der wohlhabend gewordenen Verwandten zu finden. Sie aßen nicht so schön, wie man uns Kindern beigebracht hatte zu essen, sie schmatzten manchmal und verwendeten in ungehöriger Weise das Messer. Und wenn sie gingen, gab ihnen der Vater ein ordentliches Geldstück mit. Ich war sehr in Verlegenheit. Ein schlechtes Gewissen hatte ich. Ich brachte es nicht fertig, diese armen Dorfleute als meinesgleichen zu betrachten, und wußte doch: ich müßte es. Ich müßte es, wie der Vater es tat in seiner herzlichen Freude. Wohltun sollte es ihnen, den Shelomo und Judith und Sara und Jeinkef: wohltun sollte es ihnen, einmal von unserer Anna bedient zu werden. Für den Vater gab es keinerlei Zwiespalt. Und das Geld, das er den Verwandten mitgab, war kein Almosen. Es war nur die Erfüllung eines Anspruches, den sie an ihn hatten, der in ihrem Namen in der Stadt, im Fortschritt, in der Emanzipation Anker ausgeworfen hatte.

Es wäre, so dachte ich, überhaupt leichter gewesen, Glied einer Ahnenreihe von Lehrern oder Handwerkern zu sein, denn ich liebte den Handel nicht. Ich liebte ihn nicht, und ich trug schwer daran, daß der Vater handeln mußte.

Er stand in seiner gelben Lederhändlerschürze hinter der alten braunen, zerschnittenen Theke und bediente die Schuhmacher mit Nägeln aller Sorten und sonstigen harten, praktischen Gegenständen zum Reparieren von Schuhen. Er schnitt Sohlen mit dem geschweiften Messer, während die Schuhmacher mißtrauisch, mit schiefgehaltenem Kopf, von oben herunter den Lauf des Messers verfolgten.

Das Bedienen eines Kunden dauerte oft lang. Denn wenn so ein Schuhmacher etwa vom Dorf in die

Stadt kam, um einzukaufen, dann hatte er sich einen langen Tag vorgenommen, in dem alles erledigt werden sollte für mindestens ein halbes Jahr. Politik wurde gemacht und Rohstoff wurde gekauft. Und wie der Großvater so stieg jetzt der Vater mit dem Kunden in die tiefen, kühlen Keller, und es konnte eine Stunde vergehen, bis der Schuhmacher die Häute ausgesucht hatte, die er haben wollte. Es war ein schweres Geschäft für den Vater, gute Stimmung zu wecken oder zu erhalten, fremde und eigene Interessen zu verknüpfen, schlecht Gelaunte zu erheitern, Wohlgesinnte nicht zu enttäuschen. So hörte man im Vorübergehen aus den Kellern das aufmunternde Lachen des Vaters, hingelacht an ein hartes Herz oder einen trüben Sinn.

Ich fand es schlimm, daß der Vater seine Heiterkeit dem Handel zugute kommen lassen mußte. Und wenn ich ihn sich abmühen sah und hörte, bildete sich in mir eine Stelle, an der sich Mitleid ansetzte mit dem kleinen handelnd kämpfenden Mann, der mir eben nicht groß und stark schien wie andere Mädchenväter und der nicht gebot, sondern bat.

Aber es gab noch Schlimmeres für mich. Der Vater reiste regelmäßig. Er ging auf »Tour«. Er ging in die Dörfer, um jene Schuhmacher zu besuchen, die nicht in die Stadt kamen, weil sie zu weit entfernt wohnten oder weil ihnen die Reise zu umständlich und teuer war. Die mußten aufgesucht werden. Ein

Auto hatte der Vater nicht; so war zunächst ein Reiseplan auszuarbeiten mit Bahn und Kleinbahn, und was dazwischenlag, wurde zu Fuß überwunden. Meist früh am Morgen brach der Vater auf. Er blieb manchmal eine Woche, manchmal auch länger. In dieser Zeit fuhr und wanderte er draußen in den Bergen zu den kleinen Häusern, in denen Kunden wohnten, weitab oft von Bahnstation oder Haltestelle. Er schlief in Dorfgasthäusern, wo man ihn schon kannte, und marschierte fleißig den Tag hindurch auf Wegen und Straßen. Manchmal schien die Sonne auf ihn, manchmal fiel ihm Schnee auf die Schultern oder rauschte der Regen herunter. Manchmal verkaufte er gut, ein andermal schlecht. Er wurde immer freundlich aufgenommen in den kleinen Werkstätten von den gebückt sitzenden Schuhmachern. Er brachte ein wenig Abwechslung, er brachte Neuigkeiten aus der Stadt, er brachte Späße.

Denn Späße konnte der Vater werfen wie kleine Bälle, die bunt die dunklen Werkstätten erhellten. Er sah dabei seinen Erfindungen ernst und etwas melancholisch nach mit dem schräg erhobenen Kopf. Denn ihre Leichtigkeit war ein Produkt der Überwindung eigenen Lebensgewichtes. Da wurde die eigene Existenz um eine Kleinigkeit vom Boden gehoben, der Schwerkraft entwendet, schwebend weggeschickt.

Das war eine uralte Kunst der Juden, die man er-

ben konnte wie Talente und Geschicklichkeiten anderer Art: sich abheben. Denn zerstreut über die Staaten, verknüpft sich ihr Schicksal ihren Wirtsvölkern und unterscheidet sich und verbindet sich und wird zertrennt. Genommen und geworfen, benutzt und benutzend, nährend und nehmend, leben sich die Juden in traurig-kühnen Balanceakten durch die Geschichte. Wie der Seiltänzer die eigene Schwere hebt und doch von ihr lebt: so verstehen es die Zerstreuten in Aufhebung des eigenen Gewichtes, zu existieren und gerade darin mit sich einig und auf irreale Weise sich treu zu sein. Ein Jongleurkunststück sublimer Art, das auch der Vater konnte.
Er stand, der kleine Jude, in den Werkstätten der Dörfer, inmitten von Feld und Tannenwald, und löste kleine farbige Witze von der eigenen Existenz ab und blies sie über den Schuhmacher weg und über seine Frau. Die Witze wollten besagen, daß er, der Lederhändler, hier stand, um sein Leder anzupreisen, denn er lebte davon. Daß diese Tätigkeit aber in ihrer Vorläufigkeit und in ihrer Hinfälligkeit von ihm erkannt war. Denn was galt vor dem Jahrtausendatem des Ewigen das Leder? Und sicherte sein Verkauf vor alten und neuen Untergängen? Und stand alles denn fest zwischen dem deutschen Schuhmacher und dem jüdischen Händler? Sie sprachen jetzt vom Bedarf und von der Qualität, aber waren sie nicht doch noch durch ganz

andere Beziehungen verbunden und getrennt? Aus diesem Hin und Her und Hinüber und Herüber fabrizierte der Vater die Witze, die nicht bitteren, sondern nur ironisch traurig-rundlichen Späße über sich selbst. Der Schuhmacher und seine Frau fanden ihn nett, den Israeliten aus der Stadt, und manches Platt Leder kauften sie seiner Heiterkeit ab.
Aber nicht immer. Manchmal zerplatzten die munteren Bälle an dunklen Holzwänden, und manche Reise durch Hitze, Regen, Schnee endete mit schlechtem Ergebnis. Dann kam der Vater geschlagen heim. Ich aber wollte ihn stark und sieghaft, und meine Wünsche rebellierten dagegen, daß er von den Schuhmachern besiegt und auf der Walstatt der Straßen und Dörfer geschlagen worden war.
Jedoch meist, wenn er sich nach der Heimkehr ausgeruht hatte, setzte er sich im Salon an den Flügel. Der Salon wurde nur in Gebrauch genommen, wenn offizielle Besucher kamen, und seine schweifenden Formen im Jugendstil, Zeichen unseres Fortschritts und unserer Zugehörigkeit zum Jahrhundert, blieben etwas unvertraut. Aber der schwarze Flügel hatte nichts mit dieser Umgebung zu tun, und man vergaß sie, wenn der Vater zu spielen begann.
Meist fing er an mit kleinen Übungen der rechten Hand, nicht strengen, sondern heiteren Einübspielen, die er kontrapunktisch begleitete. Die Hände

wurden zwar nie zu geübten Pianistenhänden, dazu war keine Zeit. Aber die breiten, kurzen, leicht gewölbten Finger schienen von Natur für das Klavier geschaffen. Ihre Läufe perlten, ihr Anschlag war weich mit einem Kern an Kraft, das Piano zart, das Forte männerheftig. Nach der spielerischen Einleitung pflegte der Vater sich meist längeren Genüssen im romantischen Stil hinzugeben. Da fluteten fließende Tongewänder durch den Raum, da herrschte schmerzhaftes Wohlgefühl in gebrochenen, aber immer am Ende sich hinlösenden Harmonien. Häufig entwickelte sich aus dieser Schmerzseligkeit Richard Wagnersches Alltongewühl. Der Vater konnte allmählich oder plötzlich Passagen aus Tristan oder der Götterdämmerung intonieren und dann dem Flügel Orchestergepränge und Soligesänge entlocken, die den Salon öffneten und Festspielatmosphäre erzeugten, erregend, brünstig-suggestiv und lebensprengend.

Nach solchen Ausflügen in die Welt germanischer Götter kehrte er dann um und ging für eine Weile ein in die Strenge barocker Kontrapunktik. Händel etwa, etwas Festliches der Gesetzmäßigkeit der Tonfolgen hinzuschenkend, etwas von Weltlichkeit in das transzendentale Koordinatensystem. Nicht lange aber hielt es ihn darin — unvorhergesehen plötzlich, aber mit tonaler Logik ging er in die Anfangstakte eines Marsches über, eines disziplinierten, doch sonnigen, eines strammen, doch fröh-

lichen Marsches. Der gelungene Anfang verführte
ihn weiterzumarschieren; wenn auch etwas Tän-
zerisches hineingeriet, so blieb es doch Vorwärts-
gang, Schritt um Tritt und sieghaft und sicher.
Einige Diskantornamente durften klingeln, einige
Synkopen führten scheinbare Komplikationen herbei, aber der Spieler beherrschte die Vorgänge und
schuf immer wieder Ordnung. Bis er hier kein zu-
reichendes Ende fand. Das Ende wollte sich nicht
ergeben. Das heißt, was sich ergab, war zu einfach,
zu bedenkenlos, ohne Geheimnis und platt. Und
so brach der Vater, kurz bevor die Schlußakkorde
unausweichlich herankamen und ihn ziehen wollten
wie die Nixen den Fischer: da brach er aus in ein
kühnes Unterfangen beinahe atonalen Geschehens.
Es ging über die Neuromantik hinaus in unbekannte Ballungen, Spannungen und Verstrebun-
gen, und jetzt spannte sich auch der Körper des
Spielers unter der Forderung eigener Klangideen.
Es wurde Ernst aus dem Spiel. Der Kopf des Vaters
wandte sich horchend schräg nach oben. Wenn bis
dahin die Augen wohlgefällig das eigene Können
begleitet hatten, so wurde jetzt ihr Ausdruck starr,
ohne Blick. Es gab nur noch das Machen, ohne den
Genuß am eigenen Tun. Zwingend nach innerer
Regel behandelte nun der Vater das Tönematerial.
Seine Zerteilungen und Summationen, Übergänge
und Rückführungen, Enthaltungen und vorläufigen
oder ganzen Erfüllungen, alles wurde zu objektivem

Geschehen, für dessen Hersteller die Umwelt gleichgültig geworden war. Der Spieler hatte es nicht in seiner Macht, fortzufahren oder aufzuhören. Die Sache vollendete sich ohne sein Belieben. Meist war er froh, wenn das Ende kam, denn er war nun müde. Er legte sich dann eine Weile auf das geschwungene blauviolette Plüschsofa und ruhte. Eine Decke aus imitiertem Pelz warf er über sich. Sie verhüllte den kleinen Körper, während der Kopf sich nach hinten in den Nacken legte. Das Haar fiel zurück. Die Hände lagen stumpf und leicht gewölbt, breit mit lederderber Haut auf der Decke.

Aber der illegale Seitensprung in andersartige Bereiche hätte dieses Leben nicht genügend erfüllt, das Wachstum dieser Bürgerexistenz nicht genügend gestützt, wenn da nicht noch die Sozialdemokratie gewesen wäre.

Es gab in der Stadt eine Gruppe jüdischer Herren, die mit der Partei sympathisierten oder ihr angehörten. Sie kamen nicht aus der Reihe der Geschäftsleute oder gar der Bankiers — es war nicht darunter Simon Levy, der Schuhgeschäftsinhaber mit zwei Filialen, oder Aronsohn mit dem besten Stoffgeschäft am Platz. Sie liebten die demokratische Partei, die das fleißig und mutvoll Geschaffene sichern wollte und unternehmerische Geister ohne Ansehen ihrer Herkunft oder Religion begünstigte. Aber es gehörten zur SPD der nächste Freund des Vaters, Rechtsanwalt Adler, und Dr. Landau, der Arzt. Auch Siegfried Wiedemann, Dozent für Nationalökonomie an der Universität, war Mitglied.

Der Vater fühlte sich zu solchen Gruppen von Intellektuellen hingezogen trotz oder wegen des Leders. Der Besitzstand seines Geschäftes, dessen Erhaltung und schrittweise Erweiterung konnten nicht genügen als Sinnumrundung seines Daseins. Es waren da einmal die vielfarbigen Talente in ihm, die im Handel mit Leder keine wirkliche Befriedigung finden konnten. Es war außerdem ein irrationaler Überhang, der sein Leben als Geschäftsmann leise aber stetig beunruhigte, ihn nicht zu der runden Zufriedenheit eines Bürgers seiner Stadt gelangen ließ und der auch nicht in Gelegenheitsgedichten beim Leseverein zu beschwichtigen war. Er gehörte ja doch nicht fraglos dieser Gesellschaft an — war er denn nun wirklich an Land gegangen mit seinem Haus und Laden zwischen Ebles Bäckerei und Licks Lebensmittelgeschäft? War er nicht nach wie vor ein Hinzugekommener, nicht hineingeboren und mit erst so kurzfristigen Rechten, daß sie noch nicht zu Gewohnheitsrechten hatten werden können? Und am Freitagabend und am Samstag: geschah da nicht jede Woche eine Unterscheidung, ein sanft gewalttätiger Einbruch? Gut bürgerlich in der Form, aber doch radikal hinderlich bei der Bildung befriedeten Selbstverständnisses?

Den Vater beunruhigte das nicht so weit, daß er hier einen Stachel oder gar Tragik gesehen hätte. Aber es zog ihn zu jenen, die aus geistiger Übung Gegebenes zu bezweifeln pflegten. Da er ohne entsprechende Ausbildung war, konnte er kein Intellektueller werden. Doch Mitglied der SPD konnte er werden, jener Partei, die die Zukurzgekommenen um sich versammelte. Es gehörten dazu zwar in erster Linie die Arbeiter, es hatten da ihren Platz aber auch Außenseiter aus dem bürgerlichen Lager, die bereit waren, die eigene Existenz unter die Leitsätze von Marx und Engels einordnen zu lassen. Die Leitsätze analysierten und durchleuchteten und lösten es eigentlich auf, das Leben der bürgerlichen Sympathisierenden. Der Marxismus zog sie an und verurteilte sie scharf und logisch zum Untergang. Sie fanden sich erklärt und ad absurdum geführt und litten darunter nicht. Denn sie gewannen doch für die noch kurze Spanne ihres Vorüberganges die große Brüderschaft der Heraufsteigenden: der Arbeiterklasse.

Die Arbeiter nahmen diese Ausbrecher oder Ausgeschlossenen des bürgerlichen Lagers gern bei sich auf. Es stärkte ihr Selbstbewußtsein, daß solche zu ihnen stießen, deren Dasein im Grund Ziel der eigenen Wünsche war. Zwar verhieß der Marxismus mit dem Sieg der Arbeiterklasse die Aufhebung der Klassen überhaupt. Aber was konnte man sich unter jenem Paradies anderes vorstellen als den Zustand der Bevorrechteten für alle? Und wenn es unter den Bevorrechteten einzelne gab, die die eigenen Vorteile in Frage stellten, zu den Arbeitern in die Versammlungen kamen, Parteigelder zahlten, Funktionen übernahmen, dann zeigte sich darin, daß die eigene Sache das Recht und die Zukunft auf ihrer Seite hatte. Es wurde nicht besonders vermerkt, daß die bürgerlichen Überläufer häufig Juden waren. Man stellte es gelegentlich fest und sah es ein, daß gerade sie kamen, die trotz wirtschaftlicher Positionen in ihrer Klasse nicht voll Zugelassene waren.

Die Überläufer fanden nicht nur Brüderschaft und Anerkennung bei den Arbeitern, sondern auch ein Denksystem, das ihnen angemessen war. Der Marxismus mit seiner Lückenlosigkeit, mit seiner immanenten Logik und seinen unbarmherzig direkten Folgerungen und Forderungen lag jüdischen Gehirnen. Er war radikal, nicht vom Ideal, von Emotion oder Aktionslust her, er war radikal im Begriff. Anderseits wurzelte sein Begriffssystem nicht in vorgegeben Statischem, aus dem man Schichten, Klassen, Juden ausnehmen konnte, als nicht gemeint, nicht vorgesehen, nicht inbegriffen. Es wurzelte in Zeit und Veränderlichkeit. Und in dieses dynamische Vorstellungssystem paßte der Sieg der Unterdrückten aller Arten. Reiche Juden zwar, die einen Stand in der Gesellschaft gewonnen hatten, wenn auch in labilem Gleichgewicht, wollten das Ihre nicht an eine Veränderung verlieren. Aber jene, deren Besitzstand nicht so üppig war, daß man nicht noch durch ihn hindurchsehen und die Fragwürdigkeit der Herkunft und der Zukunft des Bekommenen erkennen konnte — jene waren ideale Mitglieder der marxistischen Partei.

Was den Vater betraf, so fand er hier, zu allem anderen, die Möglichkeit zu denken, denn er dachte gern. Und es gab im Lederhandel wenig Gelegenheit dazu. Die nächtlichen Diskussionen mit den sozialistischen Freunden erhellten sein Leben. Die Freude am Denken machte es unwichtig, daß für die eigene Zukunft nichts Positives dabei herauskam, im Gegenteil. Das An-Denken gegen sich selbst beschwichtigte in ihm zwei wesentliche Krisenpunkte: das schlechte Gewissen und das Rechnen mit Gott.

Das schlechte Gewissen beunruhigte ihn, seitdem er Geschäftsinhaber geworden war. Wahrscheinlich verfolgten ihn die dauernden Mahnungen des Alten Testamentes: »Vergeßt nicht, daß ihr Knechte wart in Ägypten!« Die eigenen arm gebliebenen Verwandten, die Angestellten, die Hausmädchen: sie waren für den Vater erinnernde Mahnungen und ließen sein Besitzgefühl nicht stabil werden. Es war ja Zufall oder Gottesgeschenk, daß gerade er zu denen gehörte, die zum Licht stiegen, auf Grund von Fleiß zwar und Pflichterfüllung, aber doch auch einfach im Strom des Jahrhunderts. Er freute sich daran, er gönnte es sich und den Seinen. Er hatte auch keine Skrupel, das Erlangte zu benutzen. Jedoch hatte er wegen der Gerechtigkeit das Bedürfnis rückwärts zu schauen, und da erblickte er Zurückgebliebene, denen voranzuhelfen er sich verpflichtet fühlte.

Und dann eben war da noch die Rechnung mit Gott. Der Ewige war im System des Marxismus ohne Wohnstatt und nicht vorgesehen. Die Immanenz war ohne Lücken und man vermißte den Ewigen nicht. Mit großer Freude und Befriedigung gab sich der Vater diesen Denkvorgängen hin, benutzte die Möglichkeiten der Dialektik und war beglückt, daß das Ganze mit strenger Logik mitten in die Moral führte. Aber es zeigte sich samstags, daß trotzdem Mose einst auf den Sinai gestiegen war und Gebote vom Ewigen empfangen hatte. Und die Macht, durch Handauflegen seine Kinder zu segnen, hatte der Vater von älteren Ahnen als den Vätern des Marxismus übernommen. Und wenn etwas schwer war, betete man die hebräischen Gebete, die meist nicht vom Beter handelten und seiner Not, sondern den Ewigen priesen.

Der Vater konnte sich daher nicht ganz auf logisches Folgern verlassen, konnte sich nicht entschließen, in Errechnung von Falsch und Richtig und in Tuchfühlung mit der Arbeiterklasse der Zukunft zu vertrauen. Dazu waren Marx und Engels zu jung. Das Hochgefühl ihrer Anhänger, Bewiesenes zu wissen und Gewußtes beweisen zu können, konnte ja, so meditierte der Vater, nur in den Jugendjahren einer Klasse entstehen, die zum erstenmal Denken übte und unter Leitung ihrer Lehrer immer glatt und glücklich im Resultat landete. Wie aber, wenn man einige tausend Jahre alt war? Wenn man ein Zeitalter in sich hatte, in dem die Logik in Stein stand, in dem die Gehirne mit der Logik rechteten und sie war überstanden? Wenn man so alt war zu wissen, daß Wissen Macht ist, aber bei weitem übertroffen wird von der völligen Ungewißheit göttlicher Herrlichkeiten und Schrecknisse? Wenn man wußte, daß das Filigran der Denkkunst den Abgrund zu überdecken vermochte, ihn aber niemals schloß? Jederzeit konnte ein nie gehörter, ganz und gar unverstehbarer Ruf in den Denkbau einbrechen und seine schützenden Linien zerreißen und seine Gestalt und das Leben des Denkenden vernichten. Ein Ruf, der eine wildchaotische endgültige Ordnung kreierte, die alt war wie der Tod.

Der Vater trug nicht schwer an diesem Erbe, aber er trug es. Immerhin, der so günstig verlaufende Weg zu Haus, Geschäft, Familie und mit wohlwollenden Genossen, die auch und mit ihm emporwollten, umgrenzte ein Stück irdischen Gartens, der freundlich zu blühen begann und der Wüsten und Posaunen, Treibsand und Brand ausschloß und vergessen ließ.

So saß der Vater im Wiener Café und diskutierte mit den sozialistischen Intellektuellen. Und er saß in den langen und verrauchten Versammlungen der Arbeiter und langweilte sich glücklich und hatte Funktionen.

DANN ABER KAM DER KRIEG, DEN MAN SPÄTER DEN Ersten Weltkrieg nannte. Ein Schuß löste Verpflichtungen aus und die Nation stand in Waffen. Die Genossen fanden ihren Weg zur ewigen Brüderlichkeit versperrt durch die plötzliche Bedürftigkeit des Vaterlandes, mit ihrer aller Armen verteidigt zu werden. Es ging um Leben und Tod, das war einfach und war Gegenwart und hob die Genossen in die Gleichberechtigung mit den Bürgern und den Adligen und dem Kaiser, gleichberechtigt vor den Letzten Dingen. Und derselbe geschichtliche Augenblick vereinigte mit diesen allen auch die Mitbürger mosaischen Glaubens. Sie durften Mitstreiter werden, sie auch, die Nation brauchte jeden, der sie verteidigen konnte, hob sie alle zu sich empor an ihre Brust, die für alle ohne Unterscheidung schlug.
Es konnte nicht ausbleiben, daß das erhebend war für den Vater. Der Augenblick, in dem es in Deutschland keine Parteien mehr gab und keine Konfessionen, sondern nur noch Deutsche, befreite ihn von der noch immer mühevollen Beschäftigung, seinen Platz in der Gesellschaft zu finden.

Seine Gedanken allerdings bedachten das Fiasko der beiden Internationalen: der Arbeiter und der Juden. Beide gaben sich auf, da die Nation ein so übergeordnetes Prädikat erlangte: bedrohtes, heiligstes Gut zu sein. Es wurde diskutiert im Café über die Situation des Sozialisten angesichts nationaler Kriege, die ja doch Kriege der Kapitalisten waren. Aber es zeigte sich, daß der kapitalistisch genutzte Boden und die mit unzulässigem Mehrwertprofit arbeitenden Fabriken und die Städte mit den reichen und den armen Leuten: daß der Bestand dieser unvollkommenen Sachen doch die einzige Realität blieb, während das Band der Brüderlichkeit zwischen den Genossen aller Länder riß. Und auf den Versammlungen der Arbeiter wurde es noch deutlicher ausgesprochen: daß es nun galt, das Interesse der Klasse hinter das der Nation zu stellen und das Gewehr zu nehmen.

Was das jüdische Herz im Vater anging, so war es stolz, für das erst vor so kurzer Zeit verliehene Vaterland schlagen zu dürfen. Den Tempel in Jerusalem gab es ja schon lange nicht mehr, die Synagogen waren deutsch, französisch, englisch. Daß man sie einander zerstören würde als Folge des erhabenen Augenblickes, daran dachte man nicht.

Der Rausch der ersten Stunde verflüchtigte sich. Nachdem der Vater einige Tage in seiner Stadt umhergeeilt war: vor die Zeitungsanschläge und Litfaßsäulen, auf die Plätze, wo die Einberufenen

sich sammelten, zu Freunden und Genossen und eben einfach durch die Luft, die mit Geschichtlichkeit geladene Luft, kehrte er wieder in sein Geschäft und an den Leder- und Eßtisch zurück. Er stellte sich auf Kriegswirtschaft um, belieferte das Heer, wie es ihm vorgeschrieben war, und baute eine zwar nicht überhebliche aber erhebende Überzeugung bezüglich der deutschen Sache in sich aus. Als auch für ihn der Einberufungsbefehl kam, war die Abschiedsstunde allerdings mehr schwer als groß. Er hatte inzwischen schon erkannt, daß eine große Zeit aus kleinlichen Requisiten besteht, aus Butter- und Lederverknappung, aus Teuerung und schlechtem Geschäftsgang.
Auf dem Karlsplatz stand er nun, eingesammelt zur Landwehr. Eine Militärkapelle spielte Märsche, und dann zog der Zug durch die alten Straßen: die Herrenstraße mit den Wohnungen der Geistlichen und dem Konvikt und der Münsterbauhütte, vor der die Engel und Fratzen aus rotem Sandstein zur Reparatur standen. Und der Zug der Landwehr zog durchs Martinstor mit dem gutherzigen Ritter, durch die Hildastraße und die Wallstraße, wo kein Wall mehr war, sondern Schreibwaren- und Handarbeitsläden und Devotionalien. Und dann verließ man langsam schon das Wirtliche der Stadt und zog durch Außenviertel, in die man im zivilen Leben nie hingekommen war, mit einförmigen Fünfstock-Häusern mit kleinen Läden, wo es alles bil-

33

liger gab, mit Höfen und vielen armen Kindern. In einem Frachtgutlager außer Dienst wurde die Landwehr gesammelt und wartete. Die Blümchen, von jungen Mädchen dem Vater angesteckt, fingen an zu welken.

Dann bekamen der Lederhändler, der Käsehändler, der Schweißer, der Oberamtmann Uniformen, wurden anonym und waren Heer.

Der Vater war pflichterfüllt und opferbereit. Er hatte mit dieser Stunde gerechnet und sich innerlich auf sie vorbereitet. Nur erlebte er, wie schon so viele Liebhaber des Absoluten vor ihm, daß ethische Begriffe aus niedrigen, widrigen Substanzen bestehen, wenn sie irdisch werden. Sie bestanden in diesem Fall darin, daß man seine Familie nicht mehr hatte, daß man sein Bett und sein Badezimmer verlor und die gepflegte Toilette mit der Latrine vertauschte. Das Essen war schlecht, die Schuhe drückten, man mußte früh aufstehen und Uniformen gehorchen. Die Übungen waren unbequem und anstrengend. Der Vater bekam ganz gewöhnliches und starkes Heimweh. Aber dennoch. Der drohende Feind einerseits und die Männergemeinschaft anderseits stützten ihn und trugen ihn über sich selbst hinauf. Er war genau, forsch und eifrig. Er war ehrgeizig wie alle Kleinen. Und vor allem: er fühlte sich als Jude gerufen, das deutsche Vaterland mit ganzer Kraft zu verteidigen, sein Land, aller Land. Jetzt würde es sich zeigen an ihm und seinesgleichen, daß die Juden sich als Deutsche fühlten und ihr Leben Deutschland zu opfern gewillt waren, so unbedingt wie alle anderen. Jetzt kam es darauf an, als Jude sich zu bewähren, die Pflicht nicht nur sondern mehr als die Pflicht zu tun. Denn überall, in der Schule, im Beruf, im Frieden und im Krieg, mußte man mehr tun, damit es ausreichend war.

So marschierte der Vater wieder. Er trug und schleppte, er beugte den Rumpf und warf sich hin und stand wieder auf, er rannte und kroch, er zielte und schoß und er sang. Er lernte den Schweiß kennen, den eigenen und den der anderen, den Geruch der anderen und den eigenen. Er lernte Ehren zu bezeigen mit Arm und Kopf und Sprache. Er lernte das Land als Gelände kennen und männliche Oberkörper als Rangzeichenträger. Er lieferte sein Alter ab und seine Bildung, sein Herkommen und seine Tradition. Er nahm willig neue Wertordnungen an, er grüßte Abzeichen, und er bezeugte, was man von ihm verlangte. Das Vaterland hatte für ihn zu große Uniformen und unpassende Schuhe, und das Marschgepäck Deutschlands war für einen kleinen Mann sehr schwer. Aber was vermag nicht alles der Wille, der Wille, sich diesem Land zu weihen. Ohne Ehrgeiz, in der militärischen Hierarchie nach oben zu steigen, sah er gerade in diesem beliebigen, diesem geringen Platz, der da auszufüllen war, den moralischen Wert.

Gewiß, in Ruhestunden, wenn nach den Übungen das Herz und der Atem sich langsam erholt hatten, rührte sich wieder kritischer Geist und erwachten gewisse Einsichten. »Die Lage« war keineswegs klar, das Recht und das Unrecht, die Schuld und die Unschuld lagen nicht getrennt und abgewogen auf zwei Waagschalen. Und wenn der Vater Zeit dazu hatte und nachdem er zuerst sein Gefühl um Frau und Kinder hatte sammeln und sein Heimweh hatte ordnen können, dann machten seine Gedanken kleine Wege in die Weltgeschichte. Doch sie brachten als Ergebnis nur mit, daß der Soldat auf seiner Pritsche saß und den Kopf bedenkenvoll zuerst nach der linken und dann nach der rechten Schulter hin wiegte, wie so schon die alten Rabbis getan hatten, wenn eine Situation sehr unklar und schwer mit dem Gebot des Ewigen zu vereinbaren war. Aber hatte er es zu verantworten? Er hatte sich zur Verfügung zu stellen und lehnte auch jede Erleichterung ab, die gute Beziehungen ihm hätten verschaffen können. Ein Jude drückt sich nicht. Ein Jude, der aus der Sonderung herauswill, nimmt kein Sonderrecht in Anspruch.

So kam der Vater geschliffen und mager an die Front ins eroberte Grenzland. Gespornt und bepackt bezog er dort als deutscher Soldat Quartier, um den Boden und die Häuser und die Menschen, mit ihrer Sprache aus Heimischem und Fremdem gemischt, der deutschen Sache zu gewinnen.

Alles war klar. Nur einmal, als die jüdischen Soldaten der Kompanie ihr Rosch-Haschanah, ihr Neujahrsfest, feiern durften, nur da entstand Verwirrung. Im Betsaal des kleinen Ortes war in Hebräisch, der Sprache jener alten Tafeln aus Stein, gebetet und gefleht worden, die Frauen im schönen Feiertagskleid, die Männer mit Käppchen und Gebetsmantel, hier, in der kleinen kriegsumstellten Stadt, ebenso wie sie jetzt in den Synagogen daheim ihre Klagen sangen über sich selbst, und in Mailand und in New York, weil der Tag des Gerichts sich nahte. Dann, nach dem Gottesdienst, durften die jüdischen Soldaten in den deutschen Uniformen teilhaben am Feiertagsabend der jüdischen Familien am Ort, und alle wurden sie gut und herzlich aufgenommen, die Glaubensgenossen. Sogar umarmt wurde der Vater von der Frau und Mutter des Hauses, denn man gehörte zusammen, wo immer man war. Nur der Hausherr verhielt sich wortkarg und fremd und sah vor sich hin auf das leinene weiße Tischtuch und das schön gedeckte Service. Und es wurde nach und nach klar, daß er kein Freund der Deutschen war, auch nicht, wenn es ein jüdisches Herz war, das hinter der Uniform schlug. Der Vater verstummte betroffen und sah sie vor sich in Trümmern, die Gemeinschaft der Glaubensgenossen. Er sah sein Vaterland abgelehnt von seinem Mitbeter und seinem Gastgeber, von dem, der ihn eingeladen hatte, trotzdem, weil an den höchsten Feiertagen Israel aufgerufen ist, gemeinsam zu beten und man keinen Mann und keine Frau und kein Kind allein und unversammelt lassen soll. Aber es wünschte der Herr Jean Lévy, daß der deutsche Glaubensgenosse mitsamt seiner Armee geschlagen werde. Das dämpfte die Feier von Rosch-Haschanah.

Der Vater brauchte dem Trommelfeuer, das von der nahen Front hereinschlug, nicht entgegenzumarschieren. Vor angetretener Kompanie fragte der Feldwebel streng, ob einer Klavier spielen könne. Forsch und gehorsam trat der Vater zur Meldung vor. Am Abend, so wurde ihm erklärt, sei ein Konzert für die Offiziere geplant, mit einer Sängerin, befreundet dem Herrn Oberstleutnant, und der vorgesehene Pianist sei krank geworden. Der Vater solle die Begleitung übernehmen.

So sah er freudig, mitten im Krieg und vor der Front, einem Klavier entgegen im »Hotel du Cerf«. Er durfte sich einüben im kalten Hinterzimmer, am Nachmittag, wenngleich die Sängerin erst am Abend mit ihren Noten ankam. Der Vater stellte sich einstweilen Schumann vor und Schubert und Grieg, und er versuchte, sein Soldatendasein als Gemeiner zu übersteigen und sich als Phönix ins Reich der Töne im Geleit einer noch fernen Dame emporzuschwingen. Der Abend kam und mißlang nicht. Zwar wurde der unansehnliche Pianist, der zum Spielen immer die Schultern hochzog, um die

Ärmel seiner Jacke zu verkürzen, von den Offizieren mit erstaunter Skepsis betrachtet. Für die Dame jedoch war er Retter aus aller Not. Er erwies sich als zuverlässig auch in höchsten Lagen, bei denen es notwendig war, den erstrebten Jubel oder die Verzweiflung im Diskant mit Tongrund zu untermauern. Dankbare Blicke der Dame ermutigten den an die erlauchte Gesellschaft Ausgeliehenen, sich im Reich gemeinsam ausgeübter Kunst mit dem dekolletierten Engel aus dem Hinterland solidarisch zu fühlen.

Damit war für den Vater das Schicksal im Krieg entschieden. Es war nun bekannt geworden, daß er ein brauchbarer Musikmacher war, und so dachte man seiner, als ein Trommler wegen Krankheit in die Heimat entlassen werden mußte. Der Vater erhielt den Befehl, sich vom scheidenden Tambour das Wichtigste zeigen zu lassen, und einen Tag später stand der kleine Soldat hinter der großen Trommel. Es war kein kleiner Dienst, den er dem Vaterland tat. Denn mehr und mehr notwendig wurden Militärkapellen wegen der Moral der Truppe. Sie sank im gleichen Verhältnis mit der Zeit, die der Krieg dauerte, und der Zahl der Niederlagen, die er Deutschland brachte. Da wirkte ein feuriger Marsch für die, die hinaussollten, stärkend; die zurückkamen lenkte er ab von den Erfahrungen mit Feind und Eisen und Schlamm. Vom »Guten Kameraden« spielte man und »In der

Heimat«, und die Fata Morgana des höchsten Gutes bekam wieder Umrisse am Horizont.

Bei der Psychologie in der Kriegführung hatte der Vater nun seine Funktion. Nach wenigen Proben schon wußte er, daß die große Trommel der Grundpfeiler war im Gerüst des Orchesters. Die Streicher und Bläser ohne das unheimlich leise beginnende, immer stärker und wuchtiger werdende Tremolo der Trommel bis zu ihrem Ausbruch in kalte Schläge, in heiße Schläge, in Götterdonnerwort — sie alle würden dahinspielen in belanglosen Sphären ohne den Hammer und das pralle Fell.

Und so trommelte der Vater für Deutschland. Er tat es gern und gut. Und er schlug sein Heimweh und seine Zweifel auf die Pauke und seine Niedergeschlagenheit vor so viel wachsenden siegenden Feinden.

Nur eines übertönte der Trommelschlag nicht: die Judenzählung. Als, nach Christen und Juden getrennt, eine Erhebung gemacht wurde, wer von dienstfähigen Männern in den Ämtern für Beschaffung und den Institutionen der Heimat sitze, als da geprüft werden sollte, wie hoch die Zahl der nichtkämpfenden Juden sei, da hörte der Vater den Mut aus der Trommel nicht mehr. Da hörte er auf, sich als deutscher Soldat zu fühlen, und auch sein Gedanke an die Schwäger mit Eisernen Kreuzen half ihm nicht. Seine Bereitschaft für den Schützengraben, die er in seinem nicht mehr jungen Herzen sorgsam wachgehalten hatte, falls das Vaterland auch dies von ihm verlangte, starb. Da hatte es also nichts geholfen, das alles nicht. Das deutsche Vaterland zählte nach, ob es genug sei. Das Vaterland war skeptisch und zweifelte und machte Erhebungen. Was nutzte es dann also wieder: zu wollen, zu fühlen, sich aufzustellen, zu bücken, zu tragen — er blieb ein Nichtzugehöriger, er blieb der Jude.

Es war das alte Lied. Er spielte es mit, unhörbar, zwischen den Klängen vom »Kameraden« und von »In der Heimat«. Es war nicht einmal ein trauriges Lied, es waren Steinzeilen, eintönig wiederholend eine Litanei von unabsehbarem Alter, die ohne Variationen sich abspielte mitten durch das Streichen und Blasen der deutschen Militärkapelle. Der Vater ließ sich von ihr nicht beirren; er widmete seine Aufmerksamkeit auch weiterhin den Zeichen des Kapellmeisters und dem Augenblick des eigenen Einsatzes, mit dem er — es war eben doch über alles Elend der Welt ein Sieg — die ganze Kapelle in den Bann seiner Donner riß!

Aber die Litanei zählte sich hin, in ihm, ohne sein Wollen.

Eines Tages waren die Niederlagen des Vaterlandes endgültig. Die Trommel und das Gewehr und das Gepäck blieben in einem kleinen Dachzimmer liegen, das in der nächsten Stunde ein Soldat vom Nachbarvolk besetzte, und der Vater kehrte heim als ein Stück geschlagener Armee. Und es ging gleichzeitig der Kaiser, und darüber war der Vater froh.

Denn der Kaiser und seine Kaste, der Adel, waren ihm schon immer bei seiner Ortsbestimmung im Vaterland, beim Abstecken seines Lebensbereiches ein störender Faktor gewesen. Im Jugendstilsalon lagen, in einem Schränkchen mit geschwungenen Ecken und zierlich schwarzen Säulen, die Quittungen des Großvaters vom Dorf für den dem Markgrafen entrichteten Judenzins. Monat für Monat genau in Gulden, auf jetzt schon gilbigem Papier. Nicht, daß es den Vater gestört hätte, hier seine Vorfahren als Schutzjuden so deutlich abgestempelt zu sehen — aber sein Verhältnis zum Adel war mißlaunig. Abgesehen von der Schicht reicher jüdischer Zinsleiher und Bankiers, deren sich die oberen Schichten bedienten, gab es zwischen einem

Juden und jenen Besitzern von Titeln, Boden und Pferden keine Verbindung.

So ließ der Vater den Kaiser ziehn. Gleichzeitig zogen die Soldaten- und Arbeiterräte herauf. Versammlungen, Demonstrationen, Resolutionen und Fahnen machten aus der Niederlage eine neue Zeit. Demokratie, Freiheit, Gleichheit für jeden.

Der Vater ging nur zögernd mit. Er hatte in seinem naiv-idealistischen Wesen noch eine lästige Genauigkeit in eigener Sache. Er vergaß nicht, wie überzeugt er gewesen war von des alten Deutschlands Recht, und er konnte sich nicht entschließen, Niederlage gleichzusetzen mit Unrecht. Zumindest wollte er seine eigene Mitschuld am Krieg nicht übergehen, nicht sein Einverständnis mit dem Deutschland von gestern. Die Auseinandersetzung mit seinen Irrtümern beschäftigte ihn eine ganze Weile während seiner Spaziergänge, die er nun wieder aufnahm, den Kopf nach rechts oben gestreckt.

Überdies wurde ihm die Bejahung der Gegenwart noch dadurch schwerer gemacht, daß sich das Gute und Wahre zunächst in der Form revolutionären Umsturzes darstellte. Gewiß, er war seit Jahren Sozialist. Aber wenn in den Zirkeln im Wiener Café von Revolution die Rede gewesen war, so wurde da nie an Gewalt und Blut gedacht. Die Revolution war ein Denkexempel, eine Rechengröße, die an einem bestimmten Termin der Geschichte einzusetzen war wie eine Umwälzanlage. Daß Häuser und Menschen und Sachen dabei zerstört würden, bedachte man im Café nicht. Nun aber war sie wirklich gekommen, die Revolution, und sie brachte Erwartetes und Unerwartetes mit sich, Gewolltes und Ungewolltes, sie trat in einer Vielfalt von Erscheinungen zutage, die schwer zu deuten waren. Sie brachte Strömungen mit sich, erschien in Brechungen und Entartungen, und es war nicht leicht, sie als den sozialistischen Messias zu erkennen. Der Vater war sehr dagegen, daß etwas zu Schaden kam, und es dauerte eine Weile, bis er einsah, daß dies nun wirklich seine Revolution sein sollte und daß er sie mit zu verantworten hatte. Aber er kämpfte gegen ihre linken Abweichungen, er stand zu ihrem gemäßigten Flügel und konnte endlich sie einmünden sehen in das solid eingedämmte Bett einer demokratischen liberalen Republik.

Hier allerdings fühlte er sich ganz und gar wohl. Dies jetzt war sein Staat. Bürger, Bauern und Juden, alle hatten sie gleiche Rechte und Pflichten und konnten sich fleißig bemühen, um auf dem Weg über persönliches Glück alle glücklich zu machen. Des Vaters Partei wurde staatstragend, und er selbst erhielt ein Amt und wurde Stadtrat.

Es war Erfüllung nicht eines Ehrgeizes, sondern einer Sehnsucht. Daß ihm, dem Juden, aufgetragen wurde, für diese Stadt zu sorgen und zu denken, die er liebte, war wie erreichtes Ziel. Hier auch öffnete sich ihm ein Bereich, in dem er sein Talent zu reden und schlagfertig zu diskutieren verwenden konnte, in diesem Kreis intelligenter Amateure. Man übertrug ihm das Referat »Theater«, und seine Etatrede in jedem Jahr zugunsten der Kultur wurde immer mit Spannung erwartet. Die oft leeren Reihen des Gemeindeparlamentes füllten sich dann, denn der Vater gab zu den dürren Zahlen farbige Einfälle, gab die Möglichkeit zu lachen und dann, als Überraschung, den Zwang nachzudenken.

Die Theaterleute ihrerseits, voll leidvoller Erfahrung mit Bürgern und Bürokratie, kamen gern in das alte Haus zu dem kleinen Stadtrat, sich ihren Nöten ihn geneigt zu machen. Denn mit dem aufmerksam nach rechts oben gehobenen Kopf war er, bei aller Laienhaftigkeit, doch bemüht, sich in die Wünsche und Lebensnotwendigkeiten von Spielern hineinzufühlen, von Spielern, die es berufsmäßig mit dem Abglanz des Lebens zu tun hatten, einer legitimen Seite des Existierens durchaus, deren Berechtigung er den übrigen Stadträten plausibel machen würde. Er würde sich dafür einsetzen, daß die Müllabfuhr und der Straßenbau nicht den Etat verschlangen, sondern würde darauf aufmerksam machen, daß es da noch das Schöne, Wahre, Gute gab, Größen, die ebenfalls Geld wert waren und über die ein Stadtparlament sich nicht ungestraft hinwegsetzen dürfe. So fühlten die Schauspieler und der Intendant ihre Interessen ganz gut aufgehoben bei dem kleinen Herrn in der alten Gasse, und ihre ausgebildeten sonoren Stimmen füllten mit Wohllaut den Jugendstilsalon.

Um so pflichtbewußter kehrte dann aber der Vater von seinen Ausflügen in die Welt der Kunst wieder zurück zu seiner messerzerschnittenen Ledertheke. Eine kleine gewundene Holztreppe brachte ihn unmittelbar vom Salon hinunter in den Lederladen. Er ging die ersten, stark gedrehten Stufen tastend langsam, und dann, wenn sie übersichtlich wurden und der untere Raum schon Licht auf sie warf, endete er in Stakkatoeile und betrat mit hochgehaltenem Kopf seinen profanen Bereich.

Er arbeitete sich durch die Inflation und versuchte, sein solid aufgebautes Stück Leben durch die zwanziger Jahre zu bewahren. Das Leder erwies sich als ziemlich krisenfest, und Familie und Geschäft gerieten und blühten. Das Geschäft hatte einen Namen in der Stadt, und die Familie hatte ihr Theater- und Konzertabonnement, pflegte Hausmusik und hielt die »Frankfurter Zeitung«. Am Sonntag wurde gewandert, einen Teil des Tages verbrachte man in der Natur, in den Bergen, die um die Stadt lagen und für deren Forstverwaltung sich der Vater verantwortlich fühlte.

Als er verhaftet wurde, entschuldigte sich der Wachtmeister, der ihn daheim abholte. Alle Stadträte und Bürgermeister der politischen Linken wurden ins Gefängnis gebracht, nachdem die Macht durch Adolf Hitler ergriffen war und die Hakenkreuzfahnen auf den amtlichen Dächern wehten. Der Wachtmeister kannte den Vater vom Rathaus, und ihn zu verhaften war ihm peinlich. Er drückte ihm die Hand und ließ ihn weit vorausgehen, damit niemand von den Bürgern in den Straßen einen Zusammenhang zwischen dem Wachtmeister und dem Vater erkennen konnte.
Genossen und Kollegen waren bereits im Gefängnis angekommen, die Stimmung war ernst und dem Vater war unbehaglich. Er versuchte, in sich den Klassenkampfgeist früherer Jahre wieder wachzurufen, dem Opfermut, dem Kampfesmut, dem Solidaritätsgefühl altes neues Leben einzublasen. Im übrigen glaubte er nicht an eine lange Dauer dieser Verhaftung, denn er glaubte an das Gesetz. Und er hatte recht. Schon einige Tage später ließ man ihn frei. Er mußte ein Papier unterschreiben, daß er sich der neuen Regierung gegenüber loyal

verhalten und nichts gegen sie unternehmen würde. Der Vater unterschrieb, es gab keine Wahl. Aber es war auch seine Überzeugung, gegen eine Regierung seines Staates, die ja nicht einmal durch Revolution, sondern legal an die Macht gekommen war, heimlich nichts unternehmen zu dürfen. Mit legalen Mitteln mußte man kämpfen, umzustürzen lag ihm nicht.

Daß es keinerlei Raum mehr gab für Legalität, wurde ihm, wieder daheim, schnell genug klar. Schwer bedrückte ihn, daß die Genossen Bürgermeister und andere exponierte Funktionäre der Linken nicht mit nach Hause durften und man über sie nichts mehr erfuhr. Er besuchte ihre weinenden Frauen und sagte ihnen, daß das Ganze ein vorübergehendes Unwetter sei und daß diese rechtsradikale und unehrenhafte Partei bald abgewirtschaftet haben werde. Er versuchte auch, Genossen, die in ihren Berufen Schädigung erlitten, Mut zuzusprechen und sie zu unterstützen. Es fiel ihm indessen auf, daß bei seinem Kommen eine gewisse Verlegenheit entstand, schnell unter Freudebezeigung versteckt, aber doch gerade noch merkbar. Und diese Verlegenheit wurde deutlicher, wenn er sich — er meinte das seiner Überzeugung schuldig zu sein — doch immerhin nach etwa sich bildenden geheimen Abwehrgruppen erkundigte. Traute man ihm nicht mehr?

Er war bestürzt, bis einer einmal die Wahrheit

sagte: »Du mußt verstehen, wir können uns nicht mit Juden belasten. Es wäre zu gefährlich für die Sache.«

Diese Wahrheit verstand er. Sie war ihm ja nun schon längere Zeit aus dem Radio zugeschrien worden, die Kampfansage an die Juden, die Untermenschen, Volksverräter, Blutaussauger und Rasseschänder. Uralte Töne aus mittelalterlichen Chroniken, aus Rußlandberichten, aus Polengeschichten. Vertraut die Litanei, über die aber in den vergangenen Jahren der Vater beinahe hinweggehört hatte. Jetzt, in diesem seinem Jahrhundert, gingen ihn doch Flucht, Gemetzel, Kosaken nichts mehr an, sie waren Geschichte. Sie waren Erfahrung geworden, die sich in Geist niedergeschlagen hatte oder in Skepsis oder Melancholie. Jedoch als Alltagsgeschehen zwischen morgens sechs Uhr und abends zehn Uhr in der Stadt, in der Straße, im Haus konnte das nicht für möglich genommen werden.

Aber um fünf Minuten vor zehn Uhr am Vormittag stellte sich einer vor die Ladentür, lehnte einige Plakate an die Schaufenster mit Leder, und Punkt zehn Uhr fing er an zu brüllen. Er brüllte, mit kleinen Pausen, mehrere Stunden lang. Er brüllte an die Passanten hin, brüllte bis zum Markt, brüllte gegen das Münster an und brüllte auf den Vater. »Kauft nicht beim Juden! Wer beim Juden kauft, ist ein Volksverräter! Kauft nicht beim Juden, Juden, Juden...«

Es kamen einige Leute am SA-Mann vorbei in den Laden. Sie benötigten nichts, sie demonstrierten, und es war ihr Eintreten und ihr Kauf von Schuhmachernägeln eine Heldentat. Der Angestellte bediente, der Geselle und der Lehrling hielten sich im hinteren Raum zurück. Der Geselle war in der Hitlerjugend und der Lehrling fürchtete sich.

Der Vater war in die Wohnung gegangen, die hintere Holztreppe hinauf, die ersten breiteren Stufen schnell, die oberen schmalgewinkelten langsam auslaufend auf der Flucht vor dem Gebrüll. Aber eine Stunde später ließ er die Ladentür abschließen. Er wollte seinen Angestellten schützen und keinen Nachbarn in Versuchung führen, aus Menschlichkeit Nägel zu kaufen. Auch wollte er nicht die unkenntlichen Feinde aus der Verborgenheit vor sein Haus ziehen.

Mehr und mehr wurde dem Vater die Existenz zerbrüllt. Das Haus und die Nachbarhäuser, die Gasse, der Platz und das Münster wurden immer bleicher und schemenhaft, nur noch die Männer und Frauen und Kinder draußen, die Deutschen um das Haus gingen hinter dem ochsenblutroten Gebrüll. Als einmal eine Pause eintrat, während der SA-Mann ein Bier trank, fiel der Vater in der Stille in sich zusammen und weinte. Er legte seinen Oberkörper über den Tisch und ließ seinen Kopf weinen. Der Vater konnte keinen Widerstand mehr bieten. Er war Opfer der Stimme des SA-Mannes. Das kam von weither, war von weither gekommen und jetzt angelangt. Der kleine Jude weinte.

Dann sank vom Himmel die Dämmerung und der SA-Mann nahm seine Plakate und ging. Bald läuteten die Glocken vom Münster zur Abendandacht und wir aßen zu Nacht. Und am nächsten Morgen war das Geschäft wieder geöffnet mit Aus und Ein, fast wie immer.

Es zeigte sich nur in den folgenden Wochen ein Rückgang. Die Ladentür ging seltener und seltener, der Briefträger brachte immer weniger Post, und es war klar, daß nicht der Vater, sondern der nichtjüdische Angestellte nun über Land fahren mußte, um Aufträge einzuholen. Aber er brachte schlechte Nachrichten mit. Von den Schuhmachern draußen wollten viele kein Leder mehr im jüdischen Geschäft kaufen, wollten nicht, durften nicht, trauten sich nicht. So mußte der Vater das Geschäft seinem Angestellten abgeben, einem Mann, der sein Freund blieb.

Der Vater ging ein letztes Mal die Stiege hinauf, eine Stufe nach der anderen, nicht langsam, nicht schnell, endgültig.

Dann mußte Anna gehen. Denn man mutete deutschen Mädchen nicht mehr zu, in einem Haushalt mit einem jüdischen Mann zu leben. Es war zu vermuten, zu erwarten, daß der Vater Unzucht trieb mit der deutschblütigen Anna, daß er mit Anna ins Bett ging, oben vielleicht, in ihrem Zimmer, oder auf dem Sofa im Jugendstilsalon. Daß er Rassenschande treiben möchte, er, der geile Judenmann... Indem Anna am nächsten Monatsersten nicht mehr kommen durfte, war der Vater eigentlich schon schuldig. Da hatte er doch, da mußte er doch etwas gemacht haben, sonst bliebe das Mädchen nicht fort. So sickerte da und dort ein unartikulierter Verdacht wie feinster Staub zwischen Türen und Fenster der Häuser von den Nachbarn — nein, es war ja sicher nicht so, aber es könnte ja gewesen sein, es könnte ja sein, wer weiß... Und die Aufrechten, die deutschen Freunde, die trotzdem noch kamen — trotz was? trotz des Verdachtes, trotz des Gedankens, trotz der Maßnahmen —, ihre Treue machte die Scham noch schlimmer.

Doch der Vater, der jetzt Israel hieß, streckte sich jeden Morgen in die straffe Haltung der Kleinen, behielt den Kopf in seiner Stellung nach rechts oben, ging forsch und aufrecht, aber ging nur noch selten aus. Spazieren nur in der Dämmerung. Er behielt aber seine Wege noch unter seinem Schritt, denn sie waren sein, noch immer. Die Geschichte würde ihren Irrtum einsehen und wieder einlenken in die normale Bahn durch das zwanzigste Jahrhundert. Sein Haus hielt Mauern um ihn, seine ererbten und seine neuen Möbel standen um sein Leben, die Lampe brannte abends, die Familie saß um den Tisch, man las Bücher. Der Vater erfüllte alle Forderungen der laufenden Judenverordnungen, geringer wurde von Monat zu Monat die Möglichkeit, sich zu rühren, aber ein Mensch, der für Deutschland getrommelt hatte, konnte nicht in Deutschland untergehen. Man durfte die Veränderungen nicht zu schwer nehmen. Der Gasthof zum »Deutschen Haus« gegenüber hatte jetzt ein Schild an der Tür: »Juden unerwünscht«. Aus seinem Fenster tönte das »Horst-Wessel-Lied« oder anderes neues Liedgut herüber. Gleichviel. Es wurde immer wieder Tag, die Marktkarren ratterten die Gasse hinunter, es schlugen die Stunden, es wurde Nacht und wieder neuer Tag. Es roch nach Brot, Käse und Kraut, Lauch und Äpfel wurden verkauft.

Die Rabbiner allerdings wechselten. Der schon zwölf Jahre lang amtierende wanderte aus, es kam ein neuer, aber auch er verließ nach kurzem das Land. Dann erschien ein ganz junger, mit seiner Frau, sein erstes Amt trat er hier an, und er bekam Verbindung zu den reichsten jüdischen Kreisen wie keiner vor ihm. Bankdirektor Dorn stellte seine Villa für kulturelle Veranstaltungen der jüdischen Gemeinde zur Verfügung, deren Mitglieder kein Konzert oder Theater mehr besuchen durften in der Stadt. Bankdirektor Dorn war kurz zuvor in höflicher, dezenter Form vom Aufsichtsrat entlassen worden. Die Räume seines Hauses füllten sich nun mit nie gesehenen Gästen: unbekannten Glaubensgenossen oft minderen gesellschaftlichen Ranges, musikalischen oder wortgewandten Intellektuellen, jüdischen Müttern, Frommen. Und Dorn gesellte sich zu seiner neuen uralten Familie und ließ sie ein. Er war froh um etwas Leben in seinen Räumen, nachdem der Umgang mit Nichtjuden sehr spärlich geworden war.

Die kleinen Geschäftsleute und Händler staunten über die Üppigkeit, in der einer der Ihren lebte, und es war gleichzeitig ihre eigene Üppigkeit. Kammerkonzerte, Lesungen wurden veranstaltet, und die Auftretenden, die keinen Markt mehr hatten für ihr Angebot an Geist und Talent, waren froh um ein paar Hörer. So wurde der Hunger nach Gemeinschaft und nach Kultur gestillt und die Illusion normalen Lebens beruhigend aufrechterhalten.

Dann klingelte es in der Nacht. Zwei Männer kamen den Vater holen. Es war der 9. November, und der Vater kam ins KZ. Das Datum, das Wort und seine Abkürzung waren noch nicht geläufig damals, und erst während Stunden, während Tagen begriff man, daß sich das, was nun begann, ein Pogrom nannte. Die Synagogen brannten. Die Juden selbst hätten sie angezündet, sagten die Gestapomänner in der Nacht. Das war deutlich und nackt der bare Unsinn, nicht einmal der Versuch einer Rechtfertigung oder Ausrede. Es war die Legitimierung der Lüge als Vernichtungsmittel. Wer sie aussprach, wußte, daß er log, wer sie hörte und las, wußte, es war gelogen, aber dies war belanglos. Es wäre niemand mehr auf den Gedanken gekommen, hier ein Wort beim Wort zu nehmen. Alle verstanden: Untergang.
Der Vater war fort, verschwunden, ohne eine Spur zu hinterlassen. Er konnte in der Stadt sein oder in der Umgebung. Er konnte auf einem Transport sein oder tot. In den nächsten Tagen war unser Haus voll von verstörten, weinenden Frauen, Töchtern, Schwestern abgeholter Männer, Väter, Brüder.

Bankier Dorns Villa war leer. Es gab Gerüchte aus Ängsten, Gerüchte aus Hoffnungen, aber niemand wußte.

Die Stadt, die jahrelang bewohnte, vertraute Stadt schien eigentlich bar jeden Geheimnisses um uns zu liegen. Wir kannten die Namen ihrer Straßen, Gassen, Plätze und alle ihre amtlichen Gebäude. Unser Leben war mit Arbeiten und Wachen und Schlafen ein Stück der Stadt. Wir hörten, sahen, rochen, merkten alles wie immer an ihr. Die Gasthausmusik und der Brotgeruch, Lauch und Äpfel und Münsterglockenschlag, alles blieb gleich. Wies aber mitteninne eine blinde Stelle auf, und hier war der Vater verschwunden.

Dann erfuhr man das Wort »Dachau«, und man könne warme Sachen schicken. Die weinenden Frauen trafen sich nun vor der langen Gepäckrampe des Güterbahnhofes. Zwei Frachtgutangestellte nahmen diese Schachteln und Koffer und Pakete, alle unter derselben Adresse an viele Männer mit Vornamen »Israel«, kurz und barsch entgegen. Es war, als wären sie Boten eines Hades, Zwischenweltengel in Uniform, vielleicht wissend, aber unansprechbar.

Man ging wieder heim, den langen Weg über die Eisenbahnbrücke, durch die Markgrafenstraße über den Münsterplatz ins Haus. Alles schien wie immer. Und wenn ein Unwissender nach dem Vater fragte, so sagte man, er sei verreist.

Das Wort »verreist« hatte sich ganz von selbst eingestellt, es war eine ebenso klare Lüge wie der Synagogenbrand, den die Juden entfacht hätten. Aber in dem Bereich des blinden Flecks, der das Verschwinden des Vaters bedeutete und anzeigte, gab es keine adäquate Sprache. Es war selbstverständlich, daß man nicht hätte sagen dürfen: der Vater sei, ohne etwas verschuldet zu haben, in der Nacht abgeholt worden. Nur die engsten Freunde konnten dieser Wahrheit teilhaftig werden. Mit allen anderen wob man gemeinsam an dem Lügengebilde »verreist«. Auch der wirklich bis dahin Unwissende wußte dann, verstummte, ging und kam nicht mehr wieder. Niemand wollte über diese Abreise Näheres wissen. War es verboten, darüber zu sprechen? Nirgends stand, daß es verboten sei. Da aber die Abtransporte offiziell nicht vor sich gegangen waren, gab es sie nicht. Die Vorgänge waren nicht Bestandteil des Lebens der Stadt geworden und konnten infolgedessen nicht gewesen sein. Etwas zu behaupten aber, was nicht gewesen sein konnte, wäre eine gefährliche Herausforderung gewesen. Es wäre schon beinahe einer Lüge gleichgekommen, einer staatsgefährdenden Verleumdung, einem Landesverrat.

Obwohl das Nichts den Vater verschlungen zu haben schien, spie es ihn nach einigen Wochen wieder aus. Im noch frühen dunklen Dämmern eines Morgens kam er an vor dem Haus, läutete, stapfte die

Treppe herauf und stand in der Küche. Ich sah den Vater wieder. Er hatte seinen Mantel ausgezogen und stand da. Es stand da einer. Er machte sich den Kragen auf, weil ihm bang war. Er zog die Jacke aus, weil er etwas tun wollte. Er sah uns in die Gesichter und wir sahen ihm in sein Gesicht. Sein Gesicht zeigte uns Knochen mit Haut darüber. Die Zähne waren länger geworden. Die Augen standen eng beisammen in Angst und in geduckter Unterwürfigkeit. In das Gesicht waren Prügel geschrieben. Und über dem geprügelten Blick stand der Schädel, kahl.

Der Mann war kahlgeschoren. Er sah in unsere Gesichter und bat uns um Verzeihung. Er bat um Verzeihung wegen seines veränderten Wesens. Weil er so unangemessen jammervoll hier in der Küche vor uns stand. Geprügelt. Jämmerlich. Und ohne Haar. Schmachvoll kahlgeschoren kläglich.

Eine klägliche Figur, die ein Mann sein sollte. Ein kahlgeschorener Vater. Das gab es.

An jener Stelle Mitleid in mir riß etwas. Es entstand eine radikale Verletzung, die den Fluß des Lebens zwang, eine andere Richtung zu nehmen. Himmel und Erde, Nacht und Tag hatten sich verändert. Es wurde alles anders für immer. Die Wahrheit hatte eingeschlagen.

Ich umarmte den dünnen Hals und küßte die Backenknochen des Vaters, der jetzt anfing zu weinen. Aber ich lachte, wir lachten um das Ereignis herum, wir kreisten es ein mit Wiedersehensjubel, der Vater wusch und rasierte sich und wir tranken Kaffee. Es kamen die nächsten Freunde, die alle stockten vor dem Kahlkopf, schluckten, sich verstellten und den Anblick mit Freude überschwemmten.

Die nächsten Wochen ohne Haar waren schwierig zu überbrücken. Der Vater konnte außerhalb des engsten Freundeskreises den Hut nicht abnehmen. Denn das gab es ja nicht in Deutschland, daß einer kahlgeschoren herumlief. Das gab es bei Strafgefangenen, aber nicht bei unbescholtenen Bürgern. Und auf solche Weise, die es in Deutschland nicht gab, herumzugehen, war Anklage, war Widerstand und lebensgefährlich. Von einer Reise, die man gemacht hatte, kam man nicht mit nacktem Schädel zurück.

Aber es wuchsen Stoppeln und sie wurden länger, und das Haar legte sich schließlich, weiß geworden, wieder über den Kopf. Die ins Gesicht geschriebenen Prügel und anderes nicht Ausgesprochenes überwuchsen nach Jahren. Es blieben jedoch kahle Stellen bis zum Tod.

Jetzt wußte der Vater, daß das Trommeln für Deutschland endgültig vergebens gewesen war. Der Weg aus dem Dorf der Vorfahren in die Stadt erwies sich als Sackgasse, war zu Ende. Der Schatten des nahen christlichen Gotteshauses schützte sein Haus nicht. Die Stadtgemeinde erklärte seine Dienste für einen Irrtum. Die Rückkehr aus dem KZ zu seinen Jugendstilmöbeln war keine Heimkehr mehr. Hier wartete nur der Tod.

Der Vater mußte Haus und Stadt und Land verlassen, und es war nicht einmal Zeit, Gedanken und Gefühle auf dieses niemals erwartete, eigentlich undenkbare Ereignis zu richten. Es gab nichts zu trauern, es stellte sich keine Tragik großgebärdig auf den Lebensweg. Alles war nüchtern und ganz einfach. Der Vater und die Mutter mußten fliehen. Sie entkamen in der letzten Nacht des Friedens mit dem letzten Zug aus Deutschland. Sie hatten zehn Mark in der Tasche und jedes einen kleinen Koffer und wußten noch nicht, wußten trotz allem noch nicht, welches Glück ihnen zuteil wurde: der Gott der Juden schenkte ihnen einmal wieder die Flucht. Sie wurden nicht erschlagen, nicht vergast und nicht verbrannt: sie durften fliehen.

Sie rannten durch die schon dunklen Straßen zum Bahnhof. Um die Wette mit den Ansagern in den Radioapparaten hinter den erleuchteten Zimmerfenstern der Nachbarn zuerst, dann der fremden Bewohner in den entfernteren Straßen, um die Wette mit dem Krieg. Und der letzte Eisenbahnzug der Nacht, der noch fahren konnte, schaukelte sie hinaus, hinüber in die Freiheit.

Nun ging der Vater am Züricher See spazieren. Für ihn war gebürgt mit einer hohen Summe auf dem Konto einer Schweizer Bank. Für ihn war gebürgt mit einer hohen Summe bei einer amerikanischen Bank, damit er dorthin weiterwandern durfte. Und auch für die Mutter war gebürgt auf den Banken der Schweiz und Amerikas. Verwandte in der Schweiz hatten die Flüchtlinge aufgenommen und gaben ihnen Taschengeld. Die Mutter machte sich im Haushalt nützlich, der Vater ging spazieren und las die Zeitungen über den Krieg in Deutschland. In der Schweiz durfte der Flüchtling nichts arbeiten, er durfte nur warten. Sein Müßiggang wurde streng bewacht.
So ging er, den Kopf nach rechts oben gehoben, gestreckt wie alle Kleinen, durch den Schweizer Frieden. Der See, der kühle windtragende, ließ von fern das weißgraue Gestein der Alpen sehen. Aber das Wasser lag umgeben von der opulenten Wohlhabenheit seiner parkumstandenen Villen, seiner Hotels und Tennisplätze. Durch Jahrhunderte nicht zerstört, nicht umkämpft, unangefochten, unerschüttert. Eine Generation baute weiter, wo die

vorherige aufgehört hatte, nichts verging und nichts ging unter. Rechtzeitig wurden die Dinge gestützt und repariert, nicht einmal das Vergehen von Zeit konnte sie mit sich ziehen.

So standen das Land und die Stadt um den geflüchteten Mann. Das KZ und Hitlers Stimme, die Angst und alle Erniedrigung lagen drüben in Deutschland. Hier hüben war dem Flüchtling Friede geliehen.

Dann las er in der Zeitung, daß ihm die Staatsbürgerschaft als Deutscher aberkannt war. Nun also war er nur noch ein geflohener Jude, ein von Bürgschaften gestütztes Individuum. Und da begann es, daß die Geschichtlichkeit des Landes um ihn her ihn mehr und mehr bedrückte. Die heilen Fassaden, die herrlichen Geschäfte, all das Standhafte, Gestandene hatte so recht, war so im Recht gegen ihn, den Habenichts, den ausgehaltenen Fremden zu Lasten der Verwandten. Es gab keinen Zugang zu den Tagen, Wochen und Monaten dieses Landes. Als Zaungast sah man in seine Aufgeräumtheit hinein und bewunderte sein Geschick, Flüchtlinge zu beherbergen, ohne ihrer innezuwerden.

Viele Gänge tat der Vater zum Konsulat Amerikas, wohin er weitermußte. Aber die Einwanderungsnummer war hoch und das Geld der Verwandten wurde weniger, da es nun für zwei mehr reichen mußte. Die leere Freiheit des Spazierengehens höhlte den Vater aus hinter der Stirn und am Herzen und ließ ihn manchmal vergessen, daß sie Rettung hieß. Aber dann wieder kehrte er schuldbewußt zur Dankbarkeit zurück und betete das Gebet, das bestimmt ist zu sagen nach entgangener Gefahr.

Endlich nach zwei Jahren hatte das Konsulat die Ziffer für den Vater und die Ziffer für die Mutter auf seiner Liste. In einem plombierten Eisenbahnzug fuhren sie mit anderen Emigranten durch das besetzte Frankreich, fuhren an den todbringenden Deutschen vorbei nach Portugal. Auf einem Frachter mit Baumrinde begaben sich der Vater und die Mutter auf den Atlantischen Ozean. Sie waren, zusammen mit der Rinde, eine leichte Fracht, das Schiff schaukelte und machte sie krank. Die Grenzenlosigkeit des Meeres entmutigte sie. Der Vater war nicht imstande, die Willkommensgebärde der Freiheitsstatue am Gestade Amerikas mit eigenem Gefühl zu erwidern. Seine Seele suchte nichts als einen Fußbreit festes Land . . .

Er betrat Amerika, sogleich umringt von bebrillten sympathischen Herren und glitzernden Damen, die sich als die bürgenden Verwandten vorstellten. Vettern und ihre Frauen, Großneffen und Großnichten holten die Flüchtlinge heim.
Es gibt in jedem Land, an das Juden angespült oder angetrieben werden, Glaubensgenossen, die in Empfang nehmen oder zum mindesten zahlen. Es gehört zur Dialektik im Flüchtlingsschicksal der Juden, daß es immer irgendwo solche gibt, die seßhaft sind, noch oder wieder. So gab es in Amerika eine sozusagen echt amerikanische Verwandtschaft, in der Tabakbranche wohlhabend geworden, und sie zögerten nicht, die in Deutschland Bedrohten zu retten. Als Kinder hatten die amerikanischen Herren noch in einer schwäbischen kleinen Stadt gelebt, deren Fachwerkhäuser, in der Erinnerung durch alte Fotos lebendig gehalten, ihnen eine sehnsüchtige Gewißheit sicheren Herkommens bereitete. Von dort, wo es die kleinen Türen und niedrigen Zimmer gab und Plätzchen mit Brunnen, waren nun also ihre Flüchtlinge gekommen. Nicht nur ohne Geld, sondern sicherlich auch hungrig und

durstig und für immer unfähig, in Amerika selbständig zu leben und sich ein Einkommen zu verschaffen.

Durch die Straßen dunklen Pompes von Lower Manhattan fuhren die amerikanischen Retter ihre Schützlinge, in stumm-taktvollem Stolz als Besitzer solchen Landes. Der Vater sah in die Höhe und in die Helle der Glasgipfel und Betonterrassen, Millionen unbewegter Fensteraugen neben sich, über sich.

Er rauschte mit dem leise rauschenden Strom der anderen Wagen einer unbekannten Ankunft entgegen.

In der Wohnung der Verwandten beruhigte sich sein angegriffener Magen, während sein Geist sich abkehrte von diesem überwältigenden Angebot der neuen Welt. Er saß zwischen den Rettern, Mittelpunkt ihrer Willkommensparty in ihrem Wohnzimmer im Countryhouse-Stil, versuchte ihre Sprache zu verstehen und seinen Dank in ein Wort zu kleiden. Er versuchte, vor den weiblichen Verwandten nicht gar zu dürftig zu erscheinen, den in Amerika geborenen Ladies, deren armer angeheirateter Vetter aus Europa nun also gekommen war. Ihre Stimmen klangen ihm kühl und schrill, aber sie hatten bereits eine Zweizimmerwohnung gemietet für die Emigranten, hatten ihre ausgedienten Möbel hinspedieren lassen, auch Bettzeug war erübrigt worden, und sie waren zufrieden mit ihrem Werk.

Der Vater und die Mutter fanden sich am Abend wieder in einem eigenen Heim, den ersten Monatsscheck der Verwandten in der Tasche.

Nun war sie vorbei, die geliehene Wohlhabenheit, hier um sie lagerte das Verfügbare, das eigene nun, und es war schäbig. Zwei Bettgestelle und zwei Hocker, ein kleines Sofa und drei Stühle, ein Küchentisch, ein Ständer für Beliebiges und Unbekanntes. Aber sie packten aus, und es fanden sich noch Becher für ihre Zahnbürsten und allerlei Geschirr und Töpfe und Besteck in den Wandschränken und Lebensmittel im Eisschrank, um morgen zu kochen. Und es gab aus dem Schlafzimmerfenster einen Blick über Dächer und Feuerwehrleitern, über quere Straßenschlünde bis hinüber zum Hudson.
Man sah ihn blitzen, wenn die Abendsonne Strahlen auf ihn warf.
So war der Vater Bürger von Manhattan. Arm, aber frei zu tun und zu lassen, was er konnte und wollte. Wenn er in den nächsten Tagen mit dem alten verkratzten Lift durch das alte verkratzte Appartmenthouse sich hinunterließ in seine Straße, seine ziemlich heruntergekommene Straße, so war es nun die seine. Ohne Formalitäten war sie die seine geworden, überraschend wie seine Ausbürgerung aus Deutschland. Der Drugstore zwei Häuser weiter, die Papierfetzen auf dem Trottoir, die

Schule an der Ecke, aus der schwarze Kinder wie eine Explosion herausschossen, um ihn, an ihn geschleudert, als wäre er nicht — alles war sein. Sein war, was in den Streets und Avenues zu beiden Seiten in die Höhe schoß als Wohn- und Arbeitsgebilde. Sein das unablässig sich Bewegende, Kreisende, Strömende, Schießende von Licht und Metall und Menschenleibern. Sein alle Sprachen, die um ihn quirlten. Die Hitze, die hockte, der Wind, der warf, die Nacht, die die Wahrheit wußte: daß dieser neu hergekommene Lebende allein war in dieser Stadt voller Lebender, allein in grenzenloser Herrschaft über sich selbst.
Die Schritte des Vaters waren nicht straff, es fehlte am Wohin. Sein Körper war hier viel zu klein, bei seinen Erkundungsgängen begegnete er keiner Figur, die ihm glich. Die Misters und Boys schaukelten in höheren Hüften und griffen weiter mit den Beinen aus. Die Ladies konnte er nicht entziffern, weil sie sich ihm unleserlich machten hinter der Schutzschicht ihres Make-up. Sie schienen ihm formschön und streng, etwas Mystisches hatte die Unzugänglichkeit ihrer Erscheinungen, es sei denn, er begegnete ihnen am frühen Morgen mit Lockenwickeln und Hausanzug beim Metzger, zwischen halben Rindern und Tiefgefrorenem.
Ob und wie er weiterhin sei, hing von ihm selbst ab. Amerika hatte keine Einwände gegen ihn, die Verwandten hatten ihrer Bank einen Dauerauftrag

für ihn erteilt, er hatte nirgendwo weder sich noch irgend etwas zu melden. Er konnte sein Leben machen, wenn er es konnte. Kein Herkommen verlangte, keine Sitte verpflichtete. Keiner grüßte. Niemand wartete.

Die Mutter begann zu nähen. Sie annoncierte, daß sie Wäsche und Hemden flicke und neue Kragen anfertige oder alte wende. Und es kamen Kunden, Emigrantenmänner, die jeden Kragen wenden lassen mußten. So konnten nach und nach bei der Heilsarmee noch Möbel gekauft werden, ein bißchen Gepolstertes, ein bißchen europäisch Gerundetes, und es füllte sich langsam alles mit neuem altem Leben.

Der Vater lernte auf der Karte den Stadtplan von New York und die Linien der Subway. Als er zum erstenmal mit seiner freien Zeit auf der Fifth Avenue spazierenging, als er feststellte, daß er das System der Straßen und Avenues in der Wirklichkeit wiederfand und dann den Broadway in seinen vielen Gestalten, gemein und faszinierend, unter seinen Füßen hatte: da fühlte er sich langsam ansässig in dieser Fremde und ausgestoßen in sie. Da war nichts — nichts, was an seine Stadt erinnerte, an sein Haus oder das Stadtparlament. Da gurgelte und schwappte um ihn die fremde Sprache, da wirbelte der New Yorker Staub im Wind vom Atlantik, da gleißte der Times Square, da war es gemein und billig und auserlesen kostbar — fremd wie die Wüste, nicht zum Besitz geeignet wie sie: so war alles sein.

Da beschloß er, es mit Arbeit zu versuchen trotz seines weißen Haares. Man gab ihm welche.

Er setzte sich auf das Dach seines Hauses und trennte Reißverschlüsse aus alten Männerhosen. Die alten Hosen stanken nach Desinfektion und der alte Stoff fusselte und vertrug sich nicht mit den Hemden, die die Mutter flickte, und den Kragen, die sie wendete. Auf einem Dach über Manhattan hatte das Verschlissene und Verbrauchte, Graue, Braune Platz. Der Vater hielt nun in der Hand statt des Ledermessers ein Trennmesser, und alle zwei Tage trug er einen Koffer mit offenen Hosen und einen Beutel mit Reißverschlüssen zu seinem Arbeitgeber.

Aber die Cents, die er heimbrachte, waren wenige und er dachte an Aufstieg. Er meldete sich in einem Fotogeschäft, das einen Boten suchte, um Bilder und Filme auszutragen. Es lächelte ungläubig der Geschäftsinhaber, als er den Bewerber sah: einen kleinen weißhaarigen Europäer, der schlecht sprach und schlecht verstand und sich nicht auskannte in der Stadt. Aber der Vater heftete seinen braunen Blick eifrig und voll Ehrgeiz auf den Mann, daß der dachte: »Give him a chance«, er wird sie brauchen. So meldete sich der Vater morgens früh an seinem

Arbeitsplatz und fuhr und ging und ratterte und schaukelte durch New York. Er lernte die Einrichtungen der Stadt kennen, er beging und befuhr sie, öffnete Häuser und drückte auf Knöpfe. Er schwebte zu Stockwerken und klingelte an Wohnungstüren. Er erlebte die hemmungslose Selbstverständlichkeit, mit der die Bewohner dieser Stadt in den Bekleidungen, den Launen und den Zuständen, in denen sie sich gerade befanden, ihre Türen öffneten und mit dem alten europäischen Boten verhandelten. Jeder erhielt sich da seine Rücksichtslosigkeit, niemand entschuldigte sich, wenn er mittags noch im Bademantel erschien oder die Dame im halbfertigen Make-up und zerrissenen Pantoffeln sich zeigte. Etwas Krudes, etwas Formenloses im Offenlegen und Sichgeben, Ordnungen negierend, Traditionen nicht kennend, schlug auf den Botengänger ein oder tauchte ihn in anstrengende Wechselbäder. Aber wiederum war diese Roheit, das Rohstoffhaltige New Yorker Gebarens für den Eingewanderten das günstigste Angebot. Man konnte immerhin versuchen, einen gemeinsamen Nenner zu finden, selbst zu einem neuen Stück, einem Element Rohstoff zu werden und die eigene Prägung zu verwischen, soweit sie hinderlich war. Eifriger Schüler wie immer, lernte der Vater wie Leder, Politik und Vertreibung nun Austragen von Fotomaterial in New York. Er hatte nicht einmal Heimweh. Es war nicht allein der Zeitmangel, der seine Gefühle verwischte. Es war auch der Ehrgeiz, sich wiederum zu bewähren und den Monatsscheck der Verwandten verkleinern zu können. Es war die Selbstverständlichkeit, mit der diese Stadt ihn, den Flüchtling, aufnahm und teilnehmen ließ an ihrer lauten und bedenkenlosen Art, die Zeit zu erobern. Der Flüchtling nahm das Angebot an.

Der Fotochef fand einen Jüngeren als Boten und versetzte den Vater ins Labor. Er hob in der Dunkelkammer Material aus Säuren, einige Wochen lang. Dann wurde ihm schlecht, er fiel in Ohnmacht und wurde entlassen.

Und wurde wieder Spaziergänger, machte sich im Haushalt nützlich, kaufte ein. Er war aus dem Arbeitsprozeß herausgefallen. New York zeigte sich ihm plötzlich nicht mehr offen und voll Angebot. Es führte seine Omnibusse und Bahnen und rauschenden Autos an ihm vorbei, und die langen Beine der Gentlemen und die ranken Körper der Ladies bewegten sich zu unzugänglichen Zielen an ihm vorüber. Einen in Europa alt gewordenen kleinen Mann konnte man wohl doch nicht mehr gebrauchen. Und die Tauben gurrten ihm ihre geschwollenen Töne feindselig ins Gesicht.

Die Mutter nahm eine andere Arbeit an, mit der sie mehr verdiente. Heimarbeit für eine Büstenhalterfirma. Eine kleine Stelle am jeweiligen kostbaren Maßstück hatte sie mit seidigem Draht zu versehen, im Akkord, im Wettstreit mit unsichtbaren Konkurrentinnen. Man brauchte die Verwandten nicht um Wiedererhöhung des Schecks zu bitten.

Aber das Taubengurren wurde dem Entlassenen feindseliger von Tag zu Tag. Die Papierfetzen auf den Straßen raschelten um seinen saumseligen Schritt. Er hatte nun Zeit, in den Park zu gehen, einen schönen, auf Fels gelagerten Park, nicht weit von der Wohnung. Spazieren ging er, fast wie früher. Nur sein Schritt geriet jetzt in ein leichtes Schlurfen, nicht auffallend, aber es gab beim Vorsetzen des Fußes häufig ein leises Geräusch. Der Kopf änderte, unmerklich fast, seine Haltung — er wandte sich manchmal nicht mehr nach rechts oben, sondern heftete sich auf den Weg, etwas starr, nicht erwartungsvoll mehr, keinen Plan im Blick. Um die kleine Figur schlug der Wind Amerikas leicht und schwer und kreiselnd und wildfremd. Und gleichgültig an ihm vorbei. Nicht einmal das Herz eines Boten, eines Laborarbeiters schlug da also noch in dem, der da ging. Nur mehr ein kleiner Mann ohne Ziel schlenderte und schlurfte durch die kalten, die heißen, grellen und stumpfen Stunden.

Da kam ein neues Angebot. Es kam noch einmal ein Angebot von der Musik. Ein Autograph wurde gesucht, der Kompositionen vom Manuskript druckfertig schreiben könnte. Der Vater meldete sich und bekam zur Probe einige Liederskizzen mit nach Hause. Es galt zunächst die Aufregung zu dämpfen, die diese Blätter im Arbeitslosen hervorriefen. Und das Entzücken, Noten vor sich zu sehen, Chiffren, die Klang bedeuteten, Linien mit Strichen und Punkten, aus denen sich dem Leser Rhythmen und Töne entgegenhoben. Aber der Arbeitgeber brauchte keinen Begeisterten sondern einen Schreiber. Und der Vater übte, schrieb, verwarf und wiederholte und legte das Ergebnis vor. Der Arbeitgeber prüfte und fand es ungenügend, aber nicht aussichtslos. Es gebe da einen alten Mann irgendwo in der Bronx, der habe es bisher gemacht und könne es, von dem solle sich der Vater die Feinheiten zeigen lassen und dann wiederkommen.

Der Vater ratterte in die Bronx und saß in einem alten kleinen Zimmer bei einem alten Ungarn und lernte. Und übte und ratterte hin und her zwischen der Bronx und Manhattan und übte und schrieb, und endlich war es so weit, daß er druckfertig schreiben konnte.

Nun füllte sich das Wohnzimmer mit Notenblättern. Sonaten und Symphonien breiteten sich darin aus. Es genügte nicht, Kompositionsmanuskripte ins reine zu schreiben, man mußte die Zuordnung der Instrumente, man mußte den Satz lesen und hören können, schnell Hingeschriebenes richtig entziffern und das Ganze ins Stimmen bringen. Um sicherzugehen, trennte der Vater die Stimmen eines

Werkes, schrieb sie einzeln auf, legte sie auseinander und setzte sie dann wieder zusammen. Auf der Lehne des Sofas lag der Kontrabaß, auf dem Sitz das Cello, die Geigen und Bratschen waren auf Stühlen verteilt, die übrigen Möbelstücke trugen die Blasinstrumente. Hin und her zwischen dem so Zerstückten ging der Vater, in sich hörend, summend, Melodien mit den Fingerspitzen auf die Hosenbeine tupfend. Takt für Takt fügte sich schließlich zusammen zur Partitur. Dann kam die Schönschreibekunst — in spezieller Tinte mit spezieller Feder malte der Vater in tagelanger Arbeit ein druckfertiges Exemplar.

Er hatte diese Arbeit dem Krieg zu verdanken, der die Einfuhr entsprechender Maschinen verhinderte. Es war der Krieg gegen Deutschland, seine Heimat, der er Tag und Nacht die Niederlage wünschte und in der seine Kinder zurückgeblieben waren. Jede Siegmeldung der Alliierten konnte Tod seiner Nächsten bedeuten. In den immer höher werdenden Zahlen von Hitlerdeutschlands Verlusten waren vielleicht die Seinen als Ziffern enthalten. Das Heimatland hatte sich in ein Abstraktum verwandelt, in »den Feind« der Heeresberichte. Dieses Abstraktum mußte besiegt und zugrunde gerichtet werden, der Vater mußte es wünschen. Aber jenes weit entfernte Land jenseits des Atlantik, das ihn verjagt hatte, barg seine Kinder, barg Freunde, die den Flüchtlingen die Treue halten würden.

Auch waren in der Masse jener bombardierten Unbekannten sicherlich Unschuldige — wer gab das Recht zur Unterscheidung? Sie bestand aus einzelnen. Wollte man sie alle tot wissen? So wünschte man Niederlage und Rettung, Untergang und Überleben alles in einem. Wie aber sollte der Geist in einem einzigen Kopf es zustande bringen, Unvereinbares zu vereinen?

Auch wußte der Vater, daß die Mutter noch tiefer litt als er. Drüben im Schlafzimmer hatte sie ihren Arbeitsplatz eingerichtet und ihm das Wohnzimmer überlassen. Er sah sie ihre feinsten Stiche tun von morgens bis abends, unterbrochen nur durch das Nötigste an Hausarbeit. Er sah sie weggehen jede Woche um abzuliefern, und er sah sie zur Tür hereinkommen mit guten oder schlechten Resultaten. Es gab jüngere Heimarbeiterinnen, es gab solche, die beim Nähen nicht an feindliche Heimat und siegbedrohte Kinder zu denken hatten, und das merkte man an den Stichen. Der Vater erfand Trostworte, wenn sie den Nähakkord nicht hatte halten können, wenn sie Stücke wieder hatte heimnehmen müssen. Er erfand Trostworte, wenn die Heimat erfolgreich bombardiert worden war, aus pervertierten Gefühlen kommende, nicht überzeugende Worte.

Aber dann zog er sich aus aller Wirrnis wieder zurück, setzt seine Musik aufs Papier und war allen Kämpfen fern. Denn diese Facharbeit eines Dilettanten verlangte alle Konzentration und ließ keinen Platz für Gefühle. Sie zwang, zügelte und verjüngte ihn.

Die Verwandten, fern den Musen, waren voller Bewunderung für diese fremdartige Arbeit. Und als sie einmal von einem Besuch in der kleinen Wohnung mit dem Schlafzimmer voller Näharbeit und dem Wohnzimmer angefüllt mit stummer Musik in ihr Heim zurückkamen, beschlossen sie, dem Vater ein Klavier zu kaufen. Zwei der mit Tabak handelnden Vettern hatten in der Jugend einmal Klavierstunden gehabt und wurden ausgesandt zu einem Lager gebrauchter Musikinstrumente. Sie fanden eines darunter gut und richtig für den Preis, den sie anlegen wollten, und der Vater wurde von dem bevorstehenden Glück in Kenntnis gesetzt. Es war eine Nachricht, kaum zu glauben. Es sollte möglich werden, die Noten zu spielen, die fremden Kompositionen zu hören, ja, es sollte möglich werden, überhaupt wieder zu musizieren?
Die Stunde der Ankunft stand bevor. Der Vater lief mehrere Male zum Lift und wieder zur Wohnung, betupfte die Hosenbeine, wartete wieder beim Lift. Das Instrument hatte Verspätung.
Schließlich klingelte es. Vier verschwitzte Transportarbeiter hielten einen Kasten in den Armen. Er war so groß, daß er nicht in den Lift gepaßt hatte, daß sie ihn das eigentlich niemals zum Ge-

brauch bestimmte steile Treppenhaus dieses Manhattanwohnbaues hatten heraufschleppen müssen und ihn jetzt mit Mühe und unter Abschlagen einer Türleiste in die Wohnung brachten. Die Leiste splitterte in hundert Stücke, das Klavier dröhnte drohend in seinem Innern, die Männer gebrauchten sämtliche Flüche Amerikas. Mit einem hohen Trinkgeld verschwanden sie und hinterließen ihren Koloß. Es war ein Playerklavier, einstmals mit einer Vorrichtung für Aufnahmen in seinem Innern, jetzt zu günstigem Preis einer normalen Bestimmung überlassen.

Der Vater stand blaß, die Mutter weinte. Denn was an bescheidener Behaglichkeit im Wohnraum geschaffen worden war mit den Möbeln der Verwandten und der Heilsarmee, war vernichtet durch den Eindringling. Viel zu groß und zu wuchtig thronte das Möbelstück im Zimmer, feindlich dick und dunkel. Der Vater, schüchtern, etwas Versöhnliches an ihm zu finden, öffnete den Deckel, aber da fletschte es graugelb gewordene Zähne, und er schloß wieder zu. Die Mutter ging hinaus und betrat das Wohnzimmer nicht mehr, zwei Tage lang. Am Abend des zweiten wagte es der Vater: er öffnete den Deckel und er schlug die ersten Töne an. Es war ein günstiger Augenblick. Der Himmel über dem Hudson färbte sich rötlich, die Dächerwelt mit Fernsehantennen und Feuerleitern umzog sich mit Abenddunst und sah geheimnisvoll aus, ein Reich gutgesinnter Gespenster. Der Vater begann zu spielen, nüchtern, mit einzelnen Tönen der Mittellage. Vorsichtig unterbaute er sie mit Akkorden, weitete dann das Klangfeld aus nach oben und unten, höchste Zurückhaltung wahrend, um nichts Grelles und nichts Dröhnendes hervorzurufen. Aber das Instrument gehorchte ihm, seine Möglichkeiten waren besser als sein Aussehen, und langsam ging der Vater zu geschlossener Komposition über. Eigene Phantasien waren das günstigste, da er hier am anpassungsfähigsten war und kein Risiko einging. Ohr und Herz der Mutter im Hinterzimmer an der Nähmaschine einkalkulierend, den Abend von Manhattan, den Ozean, die Stadt, harte Gegebenheiten auch wieder, die das Gemüt stählen sollten — all dies entwickelte der Vater in Tönen... Um schließlich doch noch in Wagner zu münden. Aber in kluger Überlegung nichts Minnigliches, auch nichts heroisch-germanisch Götterhaftes, sondern die Meistersinger ließ er als Schlußmarsch ertönen: sieghaft, aber solide. Und es konnte nicht ausbleiben: die Mutter legte ihre Näharbeit auf die Maschine und den Kopf in die Arme und weinte. Richtig dosiert hatte es der Vater. Vertrautes sollte erklingen, die Musik sollte ihr gegen das Klavier verhärtetes Herz erweichen. Aber diese Stunde sollte sie nicht schwächen, sondern zu einem Ja bewegen. Und so kam es. Das Klavier war aufgenommen.

Wenn abends der Vater davorsaß und spielte, nach rechts oben horchend, dann schien doch ein Stück Eigenes hierhergelangt zu sein, unvorhergesehen mitgebracht, wo doch nichts hatte mitgenommen werden können. Eine auch jetzt und hier zugehörige Wirklichkeit hielt stand, wo alle Realität sich aufgelöst hatte in Gefahr, Bomben, Angst und Schmerz.

Der Krieg ging zu Ende, Hitler war tot. Tote auf den Schlachtfeldern, Tote in den Städten, Häuser wie entfleischte Gebeine, Schuttfelder, Steinzeit, Not. Das Heimatland war besiegt. Aber der Emigrant spürte, noch ehe Bilder und Augenzeugenberichte kamen, daß es nicht besiegt, sondern verendet war. Es hatte sich aufgelöst, so schien es ihm. Denn mit der Nachricht, daß seine Kinder lebten — die Tochter durch ihren nichtjüdischen Mann vor dem Schlimmsten bewahrt, der Sohn emigriert —, kam auch Nachricht aus den geöffneten Toren von Auschwitz, Treblinka, Maidanek. Kam Bestätigung von Gerüchten, denen der Vater nicht geglaubt hatte: daß die Regierung seines Landes Gegner und Juden vergast und verbrannt hatte. Es kam ein Vokabular von jenseits des Meeres wie von einem fremden Volksstamm, der dort unbekannte Lebens- und Tötungseinrichtungen in Gebrauch hatte, die man nun hörte wie eine Kunde von jenseits der Geschichte. Man versuchte es zu verstehen, was sie dort wohl gemeint und getan hatten. In den amerikanischen Zeitungsspalten schien es nicht glaubwürdig. Der Vater war eifrig gewesen im Lernen des Englischen und hatte täglich die Zeitungen gelesen. Aber in deren üblichem Abkürzungsjargon machten sich die mitgeteilten Tatsachen unverständlich. Der Vater zweifelte, daß er das Ganze richtig übersetzte, ins Deutsche übersetzte, wo es hingehörte.

Doch dann kam Post. Sie berichtete, daß die Mutter der Mutter mit einem Omnibus abgeholt worden war, daß man ihr und allen Mitfahrenden Gas in die Lungen geleitet hatte und daß bei der Ankunft — der Ankunft hieß es — die Leichen herausgeholt und verbrannt worden waren.

Die Mutter konnte dann mehrere Wochen lang nicht mehr sprechen.

Solche Briefe kamen weitere in der nächsten Zeit. Die Gedanken irrten aufgeschreckt um Namen herum, auf deren Nennung man wartete. Gestalten von Verwandten, Freunden gaben keine Ruhe, bis man sie nennen hörte: so oder so. Umhergescheucht war man, ruhelos, bis nach längerer Zeit die Bilanz gemacht werden konnte: wer ausgewandert war und am Leben und wer umgebracht worden war in den Schlachthöfen für Menschen in Deutschland, zu Seife verarbeitet, ausgeweidet, als Rauch durch den Kamin geschickt.

Die Überlebenden in der Emigration organisierten einen Listendienst, über alle Länder hin wurden die Lebenden von den Toten getrennt.

*

Wenn jetzt der Vater in seiner Wohnung in Manhattan saß, wenn er in den Straßen New Yorks umherging, war alles verändert. Ohne es selbst zu wissen, hatte er dem allem doch immer nur vorübergehende Bedeutung zugemessen. Trotz Ausbürgerung und Vertreibung hatte sich, wider alle Vernunft und Dankbarkeit gegenüber seinem neuen Land, in ihm doch eine Stelle ausgespart, die dies alles nur vorbehaltlich angenommen hatte. Obgleich sein erster Schritt auf dem Boden Amerikas ernst und endgültig gemeint war, hatte sich doch hartnäckig ein Eigentlich in ihm erhalten. Ein blasser Vorbehalt hatte ihm im Wachen und im Träumen Bilder Deutschlands vorgegaukelt. Er hatte an sein Haus gedacht, an die Rendite der Bergbahn und ob das Theater noch spielte? Versuchungen waren es gewesen, aber der Vater, pflichtbewußt und um Realität bemüht, hatte diesem unstatthaften Zubehör in seiner Lebensausstattung keinen legitimen Platz gewährt. Jetzt — jetzt plötzlich, als er hörte, was geschehen war — jetzt plötzlich war er von Heimat voll. Jetzt siegten die Chimären über ihn. Jetzt zersetzte sich der Ausblick über den Hudson, jetzt war der Broadway zerstückelt, der Nachthimmel New Yorks hatte Gültigkeit nur für Hiesige: Amerika überwölbte er. Den kleinen Mann aus Deutschland berührte seine durchfunkelte Schwärze nicht. Insgeheim hatte er doch an diesem allem vorbeigelebt und sich von Heimat ernährt.

Jetzt schmeckte die Speise nach Seife und Asche. Und es gab eine unhörbare, eine lautlose Katastrophe: die Heimat raste ins Nichts. Jetzt erst war er Flüchtling bis zum Ende seines Lebens.

Was nun kam, war die endgültige Emigration.
Zwar hatte man als Gesellschaft jetzt die ganze
Welt. Was die Verfemtheit in Deutschland etwa als
Gift in die eigene Seele hatte dringen lassen, wurde
endgültig ausgeschieden angesichts des Entsetzens
aller vor den Taten in Deutschland.
Aber hatte man nicht inmitten von Deutschen gelebt und war ein Teil von ihnen? Was sonst hätte
man sein sollen? Die Fußsohlen hatten ihre Form
vom Pflaster der Geburtsstadt erhalten. Die Haut
ihre Beschaffenheit aus der Mischung von Feuchtigkeitsgraden und Trockenheit dort in der Luft. Der
Geruchssinn kam von Holz und altem Stein, vom
verschütteten Wein im Gasthof gegenüber, vom
Backstubenduft und vor allem vom Leder — vom
Leder der verschiedenen Sorten, herb und kräftig
gehärtete Gärung. Der Gehörsinn hatte das Gepolter der Marktkarren gespeichert, den Großklang
der Glocken, der aus dem Münster herunterschlug.
Und es gab Siegfriedmotiv und Götterdämmerung
und das Getrommelte aus dem ersten deutschen
Krieg: scharf raste das Getöse der New Yorker
U-Bahn durch diese ganze Sammlung von Sin-

nespartikeln hindurch und zerriß und zerfetzte sie. Und riß mitten durch den geflohenen Juden selbst. Es war also alles eine gräßliche Täuschung gewesen. Tarnung alles, heimliche Vorbereitung auf die Demaskierung: ein Fremdgesicht hatte ihn heimgesucht, der Würger, der Vernichter hatte die Vergangenheit vorgetäuscht, und alles hatte hingeführt zu dieser Stunde der Marter und des Mordes.

Wer war er noch, wenn nicht der, der er immer gewesen? Und der von damals: der war doch einer von jenen allen, den Bewohnern jenes Landes, die Gaskammern und Öfen gebaut hatten für seinesgleichen, für ihn. Aber er sprach ihre Sprache, auch wenn er einige ihrer neuen Worte nicht mehr kannte. »Gaskammer« beispielsweise oder »Rampe« waren ihm fremde Begriffe. Wenn aber das Vergasen eine deutsche Möglichkeit war, was war dann er?

Andere traf er im Park, jüdische Landsleute, nicht deutsche Täter, nicht Opfer, sie irrten als Herr und Frau Bloch und Cohn und Ullmann aus Darmstadt, aus Bremen ehemalig hier umher. Auch als das erste Entsetzen in schlaflosen Nächten und ruhelosen Tagen bekämpft war, wurde nichts besser. Man versuchte, die Sache zu verstehen, indem man von den Namen sprach, die auf den Totenlisten standen. Und man lächelte erleichtert, daß der und jener eines normalen Todes an Krankheit oder Alter gestorben war. Immerhin, das gab es noch.

Ganz ausgeschaltet war er nicht, der natürliche Tod. In ihn konnte man einiges Vertrauen setzen, auf ihn sich doch noch immer verlassen . . .

Der Vater verlor nun seine Arbeit, Notenautographie wurde nicht mehr gebraucht, aus Österreich kamen die ersten Maschinen. Eine kleine Rente zahlte ihm Amerika für seine Arbeitsjahre, und durch Einkaufen und Geschirrwaschen kittete er mit der verbliebenen Kraft sein Dasein ohne Grundmauer. Und die Mutter bemühte sich, noch schneller zu nähen.

Verdienter Lebensabend für ihn? Überstandene Gefahr, Überleben. Der Vater sagte sich, daß er nun wohlerworbene Muße habe, sich manches anzusehen, wozu früher keine Zeit war. Aber es war ohne Sinn. Bis zur Nachricht von Auschwitz war diese faszinierende Stadt scheinbar ganz und füllend an die Stelle allen Verlustes getreten. Das eindrucksvoll Andere war es, das sich so großherzig und freigebig als neue Möglichkeit des Lebens angeboten hatte. Und der wache Sinn des Eingewanderten und sein antwortbereites Gefühl hatten dankbar Gebrauch gemacht von allem Gebotenen. Aber jetzt, jetzt war dies alles nicht mehr das Andere, denn es fehlte seine Voraussetzung: das Eine. Das Eine war Deutschland gewesen. Nach der lautlosen Katastrophe war dieses fremde Andere hier also das einzige, was ihm geblieben war: dies Hochgebirge aus Glas und Beton, diese Stadt voll herrlichem Licht und brutalem Dunkel. Dieses zuschlagende und lockende, vernichtende und erhebende Wesen war alles, was er hatte. Der kleine Jude ohne Hinterland.

Er fing an sich zu beugen, leicht in den Schultern nach vorn. Er wurde noch kleiner. Und wie schon einmal, als er seine Arbeit verloren hatte, wurde sein Schritt unsicher und geriet in ein leichtes, noch nicht sehr merkliches Schlurfen.

Dann kam zu der Mutter der Tod. Es war jener Tod, dem man vertrauensvoll zugelächelt hatte: dem guten, dem natürlichen, nicht von Menschen verfertigten Untergehen. Er kam und schlug die Mutter ohne Warnung und ohne Schmerz in einer plötzlichen Sekunde sich zu.

So lag sie, nicht mehr atmend, auf ihrem Bett neben der Nähmaschine. Mitten im Nähakkord hatte sie aufgehört und starb. Zum offenen Fenster schauten die Antennen der Dächer herein, es schossen Vögel zwischen den Häusern hindurch dem Park zu, die Tauben gurrten dick. Es strich ein lahmer Juniwind vorbei. Der Vater sah das alles aus dem Fenster, und hinter ihm lag seine tote Frau, das Kleinod seines Lebens.

Andere taten dann, was getan werden mußte. Der Vater begriff erst langsam, daß geschehen war, was nicht zu begreifen war. Er warf seinen Oberkörper über den Eßtisch in der Küche und preßte seine Stirn darauf. Er ging herum und her und hin und dachte dies und jenes, aber es war ohne Ziel und Sinn. Er verlor in zwei Tagen an Gewicht, und wenn man Manhattan und die Stadt New York bedachte, wo er lebte, so lebte er beinahe nicht mehr, so unerheblich und geschmolzen schien sein noch Verbliebenes.

Sie ließen ihn nicht zur Bestattung gehen, und erst viel später hielt man ihn für stark genug, um ihn hinauszufahren an das Grab: draußen, wo New York übergeht in sich lichtende Vorstadt, wo man ein Grüngelände ausgespart hatte für die Toten, dort führte man ihn auf vielen kleinen Wegen vorbei an vielen gleichen Steinplatten im Gras. Eine davon trug den Namen der Frau, die die seine gewesen war.

Jetzt ging er nicht mehr aus dem Haus. Er schlurfte so sehr, daß man nicht wagen konnte, ihn allein gehen zu lassen. Manchmal stolperte er, einmal fiel er. Es interessierte ihn nicht mehr, wo eigentlich er war. New York, Amerika verwirrten sich ihm zu einer übergroßen fremden Szenerie, in der er nichts mehr zu suchen hatte. Sein Blick war so milchiggrau geworden, als sei er am Erblinden.

Da holte ich ihn. Es wäre zu teuer gewesen, ihn in Amerika alt sein zu lassen. Und wie hätte ich ihn dort sterben lassen können mit jener Stelle Mitleid in mir von jeher? Dieser kleine Jude, der mein Vater war, wurde mir ja schon früh in Obhut übergeben. Ich wußte das schon, als ich die Schulfreundinnen um ihre größeren kräftigeren Väter beneidet hatte. Die hatten inzwischen dicke Nacken bekommen, hatten Länder erobert, Gegner besiegt oder umgebracht und einen verlorenen Krieg überstanden. Eine Zeitlang war es mir, als ob diese grausam-tüchtigen deutschen Männer nie unterliegen könnten und als ob selbst ihre Irrtümer sich in diesem Leben niemals herausstellen würden. Ihre Stärke schien identisch mit der Wahrheit, hatte sich so eng mit ihr verbunden, daß im Unrecht war, wer von ihnen besiegt, vertrieben, vergast wurde.
Dann wurden sie für eine Weile geschwächt. Viele wurden im Krieg getötet oder gefangen, die Heimgekommenen hungerten eine Zeitlang. Manche wurden verurteilt und bestraft. Unter den Vätern meiner Freundinnen gab es einige, die Schutt schaufelten. Es war ihnen als Sühne aufgegeben.

In den Karrieren gab es Verzögerungen oder Abstiege. Es war eine Zeit, da die Körper mager und die Gemüter verwundet waren, keine schlechte Zeit, denn sie war sehr menschlich. Doch alle Schwäche ging vorüber, Nahrung und Häuser, Export und Import und ein neues Heer wurden wieder geschaffen. In diesem Deutschland lebte man gut, und ich holte den Vater zurück.

Die Möbel von der Heilsarmee wanderten wieder zu ihrem Spender und konnten von neuen Einwanderern verwertet werden. Nur das Klavier, das Klavier wollte nicht weichen. Es kamen Interessenten, aber allen war es zu groß. Es kam ein Rabbiner aus Long Island, der für den Gemeindesaal eines brauchen konnte. Er ließ den Vater etwas spielen, und die mitgebrachte Dame weinte ein wenig, als sie den alten Mann schief und gebeugt vor dem großen Kasten sitzen sah und etwas wie von Haydn durch die New Yorker rush hour ging. Aber selbst für einen Gemeindesaal war das Instrument zu groß. Mit verlegenen Worten entfernten sich Rabbiner und Dame. Eine Firma für Altmöbel fand sich, die das Klavier nehmen und, wenn wir nichts verlangten, es sogar abholen wollte. Um acht Uhr früh standen zwei riesige Neger in der Wohnungstür, packten das Instrument wie eine Kiste, störten sich nicht am aufspringenden Deckel und an jammernden Saiten und wuchteten es zum Lift; da es nicht hineinging, schlugen sie so viel Stücke weg,

bis sie es als Klavierhaufen hinunterfahren und abtransportieren konnten.
Dann flogen wir nach Deutschland.

Der Vater hatte noch nie in einem Flugzeug gesessen, aber es berührte ihn nicht. Die Lebensstrecke, auf der er hoffte, sich ängstigte, wünschte, lag hinter ihm. Der Trubel des Flugplatzes, die mit smarter Korrektheit ausstaffierte Welt für teuer zahlende Gäste der Luft, beeindruckte ihn nicht. Fühllos betrauerte er nicht, was er verließ, erwartete er keine Ankunft. Daß jemand neben ihm war, der seinen Weg bewachte, gleichgültig wohin, war genug. Ohne Bedauern ging er von Amerika, ohne Erwartung ließ er sich irgendwohin bringen, wo er leben sollte. Flugplätze, Bahnhöfe, Taxis, Nacht und Tag ertrug er und besah er mit dem graugelöschten Blick.

Dann kam er an in seiner Geburtsstadt. Es war gelungen, dem früheren Stadtrat und Bürger der Vergangenheit ein Zimmer zu beschaffen in einem neugebauten Heim voll Glas und geräuschschluckendem Bodenbelag, grünem Innenhof und pastellsanften Farben. Ein Blumenstrauß vom neuen Oberbürgermeister erwartete den Rückwanderer, Willkommensbriefe, die Erleichterung zum Ausdruck brachten über diesen wiedergutgemachten Fall, belegten den Tisch. Die Möbel waren neu und hell, Obst und Weinflaschen standen auf einer Kommode, und es eilten Bekannte herbei, die die Treue gehalten hatten oder sie jetzt neu aufzunehmen wünschten.

Ich hatte Angst bei dem Sturz des Vaters in so viel Glück. Ich wollte allen erklären, daß man nicht mehr den von früher erwarten dürfte, den Redner und den Freund von Witz, den fleißigen Bürger und den Kämpfer für Theaterfragen: sondern einen Geschlagenen von zu viel Schicksal. Einen, der aus Dachau kam und aus Zürich, vom Atlantischen Ozean und aus New York, von Botengängen her und Notenschreiben unter fremden Untergängen der Sonne und Koboldlichtern über lauten Straßen. Einen, dessen Leben nicht mehr aufzuhalten, das im Fallen war.

Aber ich hatte mich getäuscht. Der Vater brauchte meine Entschuldigungen nicht. Er ging am Abend seines Ankunftstages in das neue Bett. Nahm am Morgen sein Frühstück im neuen Zimmer und verließ das Haus. Ich ging mit ihm, aber er ging ohne mich. Er schlurfte durch die aquariumlichtdurchtönten Flure, an den teppichunterlegten Sitzgruppen vorbei hinaus auf die Straße. Seine Augen bekamen einen suchenden Ausdruck. Er wandte das Gesicht nach allen Seiten. Um zu schauen, hob sich sein Kopf. Indem er sich hob, rückte die rechte Schulter, wie sie es früher gewohnt war, etwas mit hoch, und das Gesicht schob sich mehr und mehr ein kleines Stück nach rechts oben, ebenfalls. Da die Dinge, die er sehen wollte, in seiner Blickhöhe oder darüber waren, mußte der Oberkörper seine geduckte Haltung aufgeben und sich strecken. Das bewirkte, daß die Füße, von Gewicht entlastet, sich leichter hoben. Sie schlurften etwas weniger, wenn auch ihr Schleifgeräusch noch immer bei jedem Schritt entstand.

Mit der äußersten Schnelligkeit, die ihm möglich war, zog der Vater durch die Straßen, um Ecken, in neue Straßen, über Plätze, um neue Ecken. Er blickte, er suchte, er erkannte. Er prüfte während des Gehens den Baumbewuchs auf dem nahen Hügel, indem er einen forschenden Blick hinaufwarf. Als, nach einer Straßenbiegung, plötzlich der Turm des Münsters erschien, blieb er stehen. Für einige Minuten streckte der Vater seinen Körper ganz und gar, um das gesamte Bild aufzunehmen: den dunkelsteinroten Kindheitsturm jahrhundertealt. Leicht strebte er hoch, als sei nichts geschehen, als sei nie jemandem etwas geschehen. Er hatte nichts an Bedrohung gemerkt, man hätte es ihm doch ansehen müssen, wenn er ein Schicksal gesehen hätte. Nichts zeigte sich, er stieg wie damals, wie immer. Später läutete er auf die Straßen herunter, in deren einer der Rückwanderer leicht schleifend ging und nicht aufhören wollte zu gehen. Der Wanderer holte seine Informationen ein: was zerstört worden war, was noch in Trümmern lag, was sie wieder aufgebaut hatten. An manchen Stellen kannte er sich nicht aus und mißbilligte das. Wenn ihm das Nötige eingefallen war, wenn er Früher und Jetzt wieder auseinanderhalten konnte, ging er befriedigt weiter.

Die bombenverletzte Stadt zeigte ihre Wunden und ihre Narben. Durch Ruinen und überwachsene Steinfelder sah man die Eingeweide ihres Körpers, sah man Stümpfe und Verwachsungen. Es gab auch erstaunliche Neuheiten: mitten aus Straßen in die Weite zu sehen, vor der sich früher Wände geschlossen hatten. Bomben hatten sie niedergeworfen, und nun blickte fernes Gelände, sahen Wiesen und Berge herein. Auch vor diesem Bild blieb der Vater stehen. Er nahm da einen Augenblick seinen Hut herunter. Das Geschehnis war unbegreiflich. Eine aufgerissene Stadt, Erde langte wieder herein, Ferne nahm Besitz, schluckte das Nahe auf und zog hier ein wie ein Feind. Es wehte auf der Straße, von draußen wehte ein Wind, der früher nie bis hierher gelangte. Eine Luftschleppe aus feinem Nichts, wie ein wohlriechendes Gift, das heiter vernichtet.

Da brauchte der Vater Beruhigung durch Neugebautes. Nicht schlecht machten sie es. Sie befestigten und umfriedeten sich wieder, sie versuchten, mit Giebeln und Bögen eine zerstörte Erscheinung wieder herzustellen. Wirklich ganz schön fand es der Rückkehrer und ging und prüfte Tag für Tag.

Wer waren sie? Die da restaurierten und wohnten? Die Bewohner, wer? Fleißig waren sie und tüchtig. Und freundlich zu dem kleinen alten Herrn. Sie hatten hier in den Apotheken auch seine Lieblingstabletten, die er früher immer am Vormittag genommen hatte: wenn so gegen zwölf Uhr der Morgen verbraucht war und doch die Mittagszeit noch nicht reif, dann hatte er sie zur Stärkung genommen. In ganz Amerika bekam man sie nicht. Jetzt lag das alte Döschen wieder in seiner Hand, und wenn er es in seiner Rocktasche fühlte, war es ihm wie eine Beteuerung. Ja, nett, fleißig, tüchtig waren sie hier. Wenn man bedachte, was sie in kurzer Zeit wieder hergestellt hatten, nachdem sie doch ganz besiegt worden waren ...
Auch im Heim waren sie freundlich zu ihm, meist Leute aus der alten guten Gesellschaft der Stadt. Pensionierte Beamte, Ehepaare, Alleinstehende, manche kannten ihn von früher. Es war einer darunter, mit dem hatte in alter Zeit der Vater musiziert, ein Geiger. Gut hatte er gespielt. Nur hatte er ihn zur Hitlerzeit dann nicht mehr gegrüßt. Es war ein Schrecken für den Vater, als es an seiner

Zimmertür klopfte und der Mitspieler trat herein. Er wolle es sich nicht nehmen lassen, den Freund gleich zu begrüßen, in herzlicher Freude geschehe es. Eine schreckliche Zeit liege ja nun hinter ihnen, die für alle, ja für sie alle so Schweres gebracht habe. Man sehe nur den Zustand der geliebten Stadt. Aber jetzt sei Friede und ihnen beiden, den Mozart- und Schubertfreunden, hoffentlich ein ruhiger Lebensabend beschieden. Der Vater hoffte ebenfalls und nickte.

Wer war jener? Wer waren sie?

Der kleine Amerikaner ging und ging Tag für Tag durch die Stadt und liebte sie noch immer. An jener Stelle, wo die Salzgasse in die Lange Gasse überging, hatten die Gestapomänner gesagt, es eile jetzt. Wo die Straßenbahn hielt, war er mit andern Häftlingen zusammengedrängt worden. Vor dem Bau mit den neuvergoldeten Schnörkeln, Landratsamt heute, stieß ein weiterer Trupp Häftlinge zu ihnen. Die Tür zu seinem Haus war schön wie früher, neu gefirnißt. Sie öffnete und schloß sich jetzt für andere Bewohner. Die eingetretenen zwei Steinstufen hoben sich eine über die andere, unverändert.

Nahm das alles von ihm Notiz? Betraf da etwas ihn?

All diese freundlichen Feinde! Wie viele Geiger mochten wohl hier wohnen, die ihn im Stich gelassen hatten? Wie viele Geschäftsleute, Handwerker,

Beamte, wie viele Namen aus dem Einwohnermelderegister waren damals von seinem Namen getrennt worden? Ein Strich, ein »J« auf einer Sonderkennkarte, eine Drohung mit Tod: Stadt und Bewohner hatten sich in den Bereich von Leben und Macht erhoben und nichts mehr gewußt von ihm in der Tiefe. Und wie zuvorkommend ließen sie ihn heute, den alten Fremden, vorausgehen durch eine Tür, wie dienstwillig erfüllten sie in den Geschäften seine Wünsche.

Und der Vater verjüngte sich unter der erneuerten Möglichkeit zu leben. Das Graumilchige seiner Augen kräftigte sich in Braun, der Blick gewann frühere Lebhaftigkeit zurück. Die Figur straffte sich. Der zurückgekehrte Emigrant, mit farbenfroher Krawatte und Amerikahut, wanderte wieder. An Stelle des Schlurfens war eine nur kleine Unregelmäßigkeit im Rhythmus getreten: hier und da kam es zu einem leichten, nicht sehr merklichen Stolpern. Es war wie eine liebenswerte Abweichung von der Langeweile einförmigen Gehens. Ein Verhalten, ein Zögern, dem ein Sich-Beeilen folgte, um Versäumtes nachzuholen. Schmal, den Kopf nach rechts oben, eilte er hin.

Nur ein Deutscher konnte er nicht mehr werden. Zwar war er der Sprache wieder froh. Es war so leicht, die kleine deutsch geschriebene Stadtzeitung zu lesen und während dem Frühstück ihre überschaubaren Mitteilungen zu überfliegen, anstatt sich durch das Amerikanisch der New York-Times hindurchzuarbeiten und sich um ihre globalen Probleme zu mühen. Und wie einfach war hierzuland der Sonntag, wo einem ein paar Seiten Erbauliches in die Hand gelegt wurden, während man in New York einige Pfund Zeitung nach Hause tragen mußte.

Nur, ein Deutscher wurde er nicht mehr. Denn die einzelnen, die zu ihm gehalten hatten, konnten nicht die Angst aufwiegen vor der anonymen Masse aller Unbekannten um ihn her. Wie sollte er wissen, wer von all den Freundlichen und wie viele ihn hatten umbringen wollen? Die Deutschen hatten ihm ihr Nein gesagt, und sein Leben war nicht mehr imstande, an Zurücknahme oder ein neues Ja zu glauben. Wer einmal Flüchtling wurde, bleibt es. Zerstückte Heimat wird nicht repariert. So blieb die Drohung mit Tod als ein dünner Schwaden Geruches in der Luft, und der Zurückgekehrte war allein inmitten höflicher guter Gesellschaft.

Keine Tragik war im Rückkehrer. Er freute sich allen Entgegenkommens. Aber sein Herz, das sich von Heimat ernährt hatte, hatte den Durchzug des wilden Windes aus Angst und Fremde erlebt. Es hatte eine radikale Auskältung mitgemacht, hatte sie überstanden und schlug noch. Aber es schlug nicht mehr mit den Deutschen. Es gab kein Anknüpfen an gemeinsame Vergangenheit, denn es gab keine Durchgangsstraße durch Gaskammern und Kamine.

Doch sah er zu, was sie machten, wie sie lebten, sie alle um ihn her. Gern war er freundlich mit den Freundlichen und bot zur Erleichterung auch wieder seine Witze an. Mit der neu verfügbaren Sprache war ihm die Fähigkeit zurückgekommen, Worte zu heiterer Kombination zu verbinden, sie Saltos schlagen zu lassen oder sie als Bällchen unter die Leute zu werfen. Die Späße schufen eine so leichte Übereinkunft, alle Mitbürger meinten, daß sie diesen witzigen kleinen Juden ja schon immer gerngehabt und nie an Böses gedacht hatten. Denn die Heiterkeit, die der Vater in ihnen weckte, befreite sie zum Guten in sich, an das sie jederzeit gerne glaubten.

Er aber benutzte die Späße wieder, um den Erdboden um ein kleines Stück zu verlassen.

*

Endlich nun war ich von meinem Mitleid befreit. Es war geschehen, was ich für undenkbar gehalten hatte. Ich hatte nichts dagegen tun können, daß ein Vater, der der meine war, in den Pogrom des zwanzigsten Jahrhunderts geriet. Viele Väter hatte er verschlungen, der meine hatte überlebt. Es gingen wieder starke deutsche Männer umher, wie ich sie früher als Kind bewundert hatte, weil sie wohl besser schützen könnten als mein kleiner Vater. Sie hatten gut getötet. Er aber ging wieder unter ihnen einher, und sie lächelten einander zu.

Die Strassen waren noch leer, morgens um sieben Uhr, als der Vater mit dem leicht unrhythmischen Schritt eilig zur Omnibushaltestelle ging. Er ging in Geschäften und er wollte nach Frankreich. Es sei Zeit, hatte ihm plötzlich eine Erinnerung eingeflüstert, Leder anzubieten.
In Deutschland, wie früher, wollte er es nicht mehr tun, da wollten sie ja kein Leder von ihm. Aber drüben, überm Rhein, war schon Ausland, zugänglich heute, nahe und Freund. Er fuhr zur Grenze, doch die Formalitäten der Abfertigung langweilten ihn, er stieg aus und wanderte für sich allein über die Brücke. Der Paßbeamte rief ihn an, aber der Fußgänger hörte ihn nicht. Sehr alt unter dem steifen Amerikahut ging er hinüber, und die Beamten von Paß und Zoll ließen ihn laufen. Drüben atmete er auf. Jetzt durfte er sich eine Pause gönnen und setzte sich im Grenzdorf in eine Wirtschaft. Ein Glas Wein und ein Wurstbrot ließ er sich schmekken. Er besah sich Deutschland, auf der andern Seite drüben, besah sich die Festung in Grau und das Dorf in Bunt. Er hielt im Schauen den Kopf nach rechts oben, dann wiegte er ihn eine kurze

Weile hin und her. Und aß und trank wieder und schaute hinüber. Auf seine Augen legte sich etwas von jenem graumilchigen Schimmer, der sie schon einmal bedeckt hatte. Aber er bezahlte und ging aus dem Wirtshaus hinaus auf die Landstraße. Und begann zu wandern.

Der Vormittag war hell, die Wiesen wechselten zwischen trockenem und sumpfigem Grün. Gilbiges von beginnendem Herbst war darunter. Die Bergrücken zur rechten Seite entsprachen denen zur Linken auf der andern Seite drüben in Deutschland, wie er sie liebte. Er freute sich, daß ihr Linienrhythmus ihn auch hier in Frankreich begleitete. Und er klopfte sich heitere Melodien gegen die Hosenbeine.

Ein Auto hielt und wollte den alten Herrn mitnehmen. Aber er lehnte kurz ab. Er fuhr nicht in fremden Autos, und er hatte Lust zu wandern in Frankreich. Wandern durch die Dörfer wegen Leder. In Deutschland hatte er nichts mehr anzubieten, aber in einem Land auf der andern Seite konnte man arbeiten. Er ging und ging in dem leicht gestörten Rhythmus seines Schrittes, und die Beine wurden ihm ein wenig schwach. Er blieb stehen, holte aus seinem Döschen zwei Tabletten, sah um sich, atmete tief und wäre gern bald angekommen. Er nahm seinen Weg wieder auf; dem nächsten Autofahrer, der ihn mitnehmen wollte, sagte er nicht ab und ließ sich fahren bis zur alten kleinen Stadt, die sein Ziel war. Zur Mittagszeit kam er an. Die Läden und Werkstätten waren nun geschlossen, und so aß er etwas und wartete. Sehr müde wurde er, sehr sehnte er sich nach Schlaf, und sein Kopf lag eine Weile auf der Brust. Dann aber ermannte er sich, zahlte und ging. Er erkundigte sich nach der nächsten Schuhmacherwerkstatt. In der ihm von Kindheit an geläufigen Grenzlandsprache, aus eigenen und nachbarlichen Elementen gemischt, verhandelte er mit der Schuhmachersfrau, die ihm aber sagte, der Mann sei nicht da und sie könne nicht kaufen. Außerdem — es sei jetzt nicht grad eine günstige Zeit für Ledergeschäfte, denn man sei allgemein vorerst gut versorgt. Das hörte der Vater gern. Denn mittlerweile spürte er, daß dieses Tagewerk, das er sich da vorgenommen hatte, ihn sehr ermüdete. Auch war er nicht mehr ganz überzeugt von der Notwendigkeit, Leder verkaufen zu müssen. In seinem Kopf wehten Bilder hin und her, alte Wege, neue Wege, alte Dörfer, neue Dörfer, Mutter und Frau und Tochter boten ihm ein wenig Ruhe an, die Erker an den Häusern drehten sich leis im Kreis. Die zwei Steinstufen suchte er — ach, nein, die waren ja nicht hier. Aber schöne Haustüren standen zu beiden Seiten der engen Straßen, durch die er ging. Er bewunderte ihre Schnitzereien, er sah an alten Statuen hinauf und betrachtete Hausfassaden. Dann neigte sich eine Gasse zu ihm hin und wandte sich wieder ab, und die Stadt wurde ihm plötzlich fremd. Er hatte keine Freude mehr an ihr und wollte heim. Nach Deutschland hinüber wollte er. Ein Stück weit nahm ihn ein Omnibus auf. Als er abbog, begann er wieder zu wandern, aber nun wollte es nicht mehr gelingen. Die Beine wurden schwer, und die Füße begannen zu schlurfen. Die Schultern sanken nach vorn, und er ging durch den Spätnachmittag wie ein Wanderer, der sich gegen Unwetter duckt. Ein Auto nahm ihn zur Grenze, und über der Brücke drüben faßte er wieder Mut. Er würde heimkommen.

In der Stadt angelangt, ließ er sein Taxi vor den zwei Steinstufen halten. Aber erinnerte sich dann, daß er mit ihnen nichts mehr zu tun hatte. Dunkel war es inzwischen, und auch in seinem Kopf war die Müdigkeit so groß, daß alle Bilder gelöscht waren. Nur daß er irgendwo in einer anderen Straße ein anderes, ein für ihn neu errichtetes Zimmer hatte: das wußte er noch. Langsam schlurfend mit eingezogenem Körper und erblindendem Blick kam er dort an.

Der Weg in das andere Land und in andere Zeit war zu weit gewesen. Der Vater sank in sein Bett, tief erschöpft und glücklich, nicht mehr Leder verkaufen zu müssen. Es wurde ihm leicht, sehr leicht. Ein langsam steigendes Fieber hielt ihn schwebend in dieser Leichtigkeit fest. Das schützend Weibliche aus Mutter, Frau und Tochter geleitete ihn durch ein paar Länder. Ohne Mühe konnte er in ihnen gehen. Reißverschlüsse, Noten, Leder quälten ihn ein wenig, aber man konnte ihm mit einem Schluck Wasser beweisen, daß sie keine Macht mehr hatten. Pflichtenlos legte er dann den immer heißer werdenden Kopf zurück und tupfte mit den Fingerspitzen ein paar Töne auf das Deckbett. Er glühte. Und langsam verglühte er und starb.

In der Leichenhalle des christlichen Friedhofes wurde er aufgebahrt. Es gab keinen deutschen Rabbiner mehr, der ihn einkleiden konnte, der Rabbiner der französischen Besatzungsarmee übernahm es.

Dann ging ich, den letzten Abschied zu nehmen. Zwei Leichenwärtern nannte ich den Namen des Toten, aber sie wechselten einen verlegenen Blick. »Das ist die Judenleich«, sagte der eine zum an-

dern, und dann schlug er mir freundlich und aufmunternd vor, noch ein wenig spazierenzugehen. Wenn ich in zehn Minuten zurückkäme, könne ich den Vater sehen. Während ich umkehrte, kam er mir ein paar Schritte nach, legte vertraulich die Hand auf meine Schulter und versicherte mir: »Nicht, daß Sie meinen, wir wollten das nicht machen. Es ist schließlich eine Leich wie jede andere...« Bei meiner Rückkehr hatten sie den Sarg in eine der Leichenkammern gestellt. Wie jeden anderen. Wo sie ihn vorher abgestellt hatten, habe ich nie erfahren.
In weiße Leinenkleider eingebunden lag die kleine Figur, auch Kopf und Gesicht verschlossen in Weiß. Kein Blick mehr drang zu dem Toten, auch der meine nicht.
Am nächsten Tag trug man ihn hinaus auf den kleinen jüdischen Friedhof, und in den Gebeten wurde der Ewige gepriesen, wie es üblich ist.

Lotte Paepcke
UNTER EINEM FREMDEN STERN
2. Auflage. 124 Seiten. Leinen

Die Autorin, jüdische Partnerin in einer sogenannten ›privilegierten Mischehe‹, schildert hier ihren und ihrer Familie Weg durch die dunklen Jahre des Dritten Reiches. Hauptstationen sind Köln, Leipzig und Freiburg, ihre Heimatstadt. Nach der Bombardierung ihrer Vaterstadt konnte sie bis zum Ende des Krieges in einem Kloster ›untertauchen‹.

In der Schilderung der Ordensleute und der im Kloster Rettung suchenden Flüchtlinge und Gestrandeten ist der Verfasserin ein wahres Kabinettstück gelungen. Der inhaltliche Schwerpunkt des Buches liegt jedoch in der inneren Nötigung der Autorin, die seelischen Qualen, die geistige Entwürdigung und Schändung der Gehetzten anschaulich zu machen. Daß Lotte Paepcke diese schwierige Aufgabe meistern konnte, verdankt sie ihrem scharfen Auge, ihrer bedeutenden Gestaltungsgabe und nicht zuletzt ihrem großen Herzen.

Dr. Karl Borgmann in *Caritas*

Ein vollgültiges Dichtwerk, eine geistig menschliche Konfession von einer gedanklichen Meisterung gewonnener Einsichten, einem sprachlichen Glanz und einer Kunst des Erzählens, die geradezu bestürzen. Bestürzen deswegen, weil die Verfasserin mit diesem Erstling bereits in der Vollendung steht.

Oskar Maria Graf in *Aufbau*

›Unter einem fremden Stern‹, 1952 im Verlag der Frankfurter Hefte erschienen, wird heute vom Lambertus-Verlag GmbH Freiburg i. Br. über den Buchhandel ausgeliefert.

Else Schubert-Christaller
IN DEINEN TOREN, JERUSALEM
Jüdische Legenden
Mit einem Geleitwort von Albrecht Goes
19.–23. Tausend. 88 Seiten. Gebunden
Band 96 in der Reihe Salzers Volksbücher

Diese Legenden (zumeist aus dem Talmud stammend) zeigen das jüdische Wesen von einer ganz anderen Seite, als wir es zu sehen gewohnt sind: in ihnen zeigt sich sein Kern. Hier erzählt der Jude von sich selbst, ohne fremde Zuhörer, und wer Ohren hat zu hören, der hört. Man sieht das Innere: die Unbedingtheit, die Sehnsucht nach dem Vollkommenen, die Liebe zum Leben und die Fähigkeit zu Aufopferung, Demut und Stolz. Die Legenden umfassen im Hebräischen meist nur wenige Zeilen. Will man sie dem Nichtjuden erzählen, so muß dies ausführlicher geschehen. Das ist die Absicht dieser kleinen Sammlung: das Angedeutete auszugestalten und Kunde zu geben von dem Wert einer uns viel zu wenig bekannten Welt. Das Begleitwort von Albrecht Goes verbindet die zeitlosen Legenden mit unserer Zeit: ein Kämpfer für die Gerechtigkeit spricht zum Gewissen und vertieft das Verständnis.

Deutsches Pfarrerblatt

Jeder ernsthaft um Sinn und Deutung unseres Daseins Bemühte wird an diesen Legenden wieder einen Maßstab finden. Die hervorragende Nacherzählung verdient besonders hervorgehoben zu werden.

Büchermarkt München

EUGEN SALZER-VERLAG HEILBRONN